Ulrich Parzany
Was nun, Kirche?
Ein großes Schiff in Gefahr

Ulrich Parzany

WAS NUN, KIRCHE?

Ein großes Schiff in Gefahr

SCM

Stiftung Christliche Medien

Der SCM Verlag ist eine Gesellschaft der Stiftung Christliche Medien, einer gemeinnützigen Stiftung, die sich für die Förderung und Verbreitung christlicher Bücher, Zeitschriften, Filme und Musik einsetzt.

© der deutschen Ausgabe 2017
SCM-Verlag GmbH & Co. KG · Max-Eyth-Straße 41 · 71088 Holzgerlingen
Internet: www.scm-haenssler.de; E-Mail: info@scm-haenssler.de

Soweit nicht anders angegeben, sind die Bibelverse
folgender Ausgabe entnommen:
Lutherbibel, revidiert 2017, © 2016 Deutsche Bibelgesellschaft, Stuttgart
Weiter wurden verwendet:
Lutherbibel, revidierter Text 1984, durchgesehene Ausgabe in neuer Recht-
schreibung, © 1999 Deutsche Bibelgesellschaft, Stuttgart.

Umschlaggestaltung: Kathrin Spiegelberg, Weil im Schönbuch
Titelbild: Illustration: freepik.com
Satz: typoscript GmbH, Walddorfhäslach
Druck und Bindung: GGP Media GmbH, Pößneck
Gedruckt in Deutschland
ISBN 978-3-7751-5792-6
Bestell-Nr. 395.792

Inhalt

Wozu schreibe ich dieses Buch?

Ich möchte Mut in schwierigen Zeiten machen. Was können Christen tun, die ihren Platz trotz aller Enttäuschungen in den evangelischen Landeskirchen sehen? Ich will Fehlentwicklungen und Konflikte beschreiben. Ich will nicht um den heißen Brei reden. Ich kann verstehen, dass engagierte Christen die evangelischen Kirchen verlassen. Ich will begründen, warum ich es nicht getan habe. Ich will zeigen, wie in den Landeskirchen die Gemeinde des Jesus Christus gebaut und gesammelt wird und werden kann.

Ich schreibe gegen Resignation. Auch gegen meine eigene. Ich weiß, wir sind uns unter den Evangelikalen – Angela Merkel hat sie »intensiv evangelisch« genannt – nicht einig darüber, ob und wie wir öffentlich Kritik an Kirchenleitungen und Synodenbeschlüssen üben sollen. Ich weiß aber: Wer schweigt, fördert, was im Gange ist.

Am Anfang des Jahres 2016 gründeten wir das »Netzwerk Bibel und Bekenntnis«. Nichts Derartiges war geplant. Der Gedanke dazu entstand innerhalb von vier Wochen – im Grunde ein Akt der Hilflosigkeit. Wir wollten sehen, ob da noch einige sind, die sich mit den Entwicklungen nicht abfinden wollen.

Ausgelöst durch eine öffentliche Stellungnahme von mir, kam es zu einer Beratung am 23. Januar 2016 in Kassel. Die 65 Teilnehmer gründeten das »Netzwerk Bibel und Bekenntnis« und verabschiedeten ein Kommuniqué, in dem sie Anlass und Ziele formulierten. Darin hieß es:

»In den evangelischen Kirchen werden die Grundlagen des Glaubens zunehmend demontiert. […] In vielen Gemeinden und Gemeinschaften herrscht Verwirrung und besteht Besorgnis darüber, welchen Kurs führende Repräsentanten der evangelikalen Bewegung steuern. Es fehlt an deutlichem Widerstand gegen Entscheidungen von Kirchenleitungen und Synoden, die eindeutig Bibel und Bekenntnis widersprechen. Das betrifft aktuell die Beschlüsse zur Segnung und kirchlichen Trauung von gleichgeschlechtlichen Paaren, die kirchliche Förderung der Gender-Ideologie und Verlautbarungen zum interreligiösen Dialog.«

Weiter formulierten die Gründer des »Netzwerks Bibel und Bekenntnis«:

»In den gegenwärtigen Auseinandersetzungen halten wir folgende Konkretion für nötig:
- ›Wir bekennen uns zur göttlichen Inspiration der Heiligen Schrift, ihrer völligen Zuverlässigkeit und höchsten Autorität in allen Fragen des Glaubens und der Lebensführung.‹ (Glaubensbasis der Evangelischen Allianz)
- Wir stehen dafür ein, dass die rettende Botschaft von Jesus Christus allen Menschen gilt, den Juden zuerst. (Römer 1,16)
- Wir widersprechen der falschen Lehre, es gäbe auch andere Wege zum Heil.
- Wir widersprechen der falschen Lehre, dass Menschen durch die Taufe ohne den Glauben an Jesus Christus gerettet werden. (Markus 16,16)
- Wir stehen dazu, dass gemäß der Offenbarung Gottes der Mensch zum Ebenbild Gottes geschaffen wurde und dass

die Polarität und Gemeinschaft von Mann und Frau zu dieser Ebenbildlichkeit gehört, wie Jesus Christus es ausdrücklich bestätigt hat. (1. Mose 1,26-28; Matthäus 19,4-6)

- Wir widersprechen der falschen Lehre, gleichgeschlechtliche Beziehungen entsprächen dem Willen Gottes und dürften von den Kirchen gesegnet werden.

Wir sind uns einig, dass im Gegensatz zum postmodernen Denken das Bekenntnis zu Jesus Christus und der Lehre der Apostel mit logischer und theologischer Notwendigkeit die Verwerfung falscher Lehren einschließt.«

Es waren nicht wenige, die sich mit uns vernetzten.[1] Wir sind uns einig, dass wir unseren Widerspruch solide begründen wollen. Natürlich wollen wir in den Kirchen etwas verändern. Wir sind allerdings ziemlich skeptisch, ob Kirchenleitungen und Synoden sich für Veränderungen nach Maßgabe der Bibel gewinnen lassen. Sie haben die Mehrheiten und sie haben das Geld der Kirchensteuerzahler. Sie nutzen diese Macht ziemlich rücksichtslos.

Viele Gemeindeglieder, Pfarrer und andere Hauptamtliche halten an der Gültigkeit der Bibel als dem Wort Gottes fest. Sie engagieren sich in ihren Kirchen. Aber sie können und wollen nicht zustimmen, wenn Synoden und Kirchenleitungen gottesdienstliche Segnungen und Trauungen gleichgeschlechtlicher Paare beschließen. Sie beobachten traurig, wie die Grundlagen des Glaubens infrage gestellt werden: Die leibliche Auferweckung von Jesus wird bezweifelt und bildhaft umgedeutet. Der stellvertretende Sühnetod Jesu am Kreuz wird als überholter Mythos kritisiert. Mission und Evangelisation sind nahezu Schimpfworte geworden oder werden zu sozialen und politischen Aktionen umgedeutet. Das Angebot und der Anspruch, dass Jesus Christus allein der Retter und Erlöser für alle Menschen ist, wird auf dem Altar der Religionsvermischung geopfert.

Konfliktstoff gibt es genug. Scheuen wir die öffentliche Auseinandersetzung? Leider ja. Wir möchten Streit in den Gemeinden vermeiden. Wir sehnen uns nach Harmonie. In der Öffentlichkeit soll Positives über die Kirche berichtet werden. Wir wollen als freundlich, hilfreich und nützlich angesehen werden.

500 Jahre nach der Reformation erinnern wir uns daran, dass harte Auseinandersetzungen nötig waren, um in den Kirchen Schritte in Richtung Erneuerung zu gehen. Wir haben heute eine völlig andere Situation. Wir ringen darum zu verstehen, was die damalige Reformation für uns heute bedeutet. Ich bin überzeugt, dass es richtig ist, das Hauptanliegen der Reformation mit den vier Exklusivpartikeln zusammenzufassen: allein durch Jesus Christus, allein durch die Gnade, allein durch den Glauben, allein durch die Bibel. Die Bedeutung dieser zentralen Themen ist heute höchst umstritten. Ich habe die Hoffnung, dass uns das Reformationsjubiläum zu einer Neubesinnung auf die Kernanliegen veranlasst. Nein, nicht ab ins Museum! Hinein in die Auseinandersetzungen, die uns heute herausfordern! Nur das Evangelium von Jesus Christus, wie es uns in der Bibel bezeugt wird, kann das Leben der Menschen und die Kirchen erneuern.

Um verständlich zu machen, wie es zu der kritischen Lage der Kirchen heute gekommen ist, greife ich auf eine Beschreibung zurück, die Wolfram Kopfermann bereits 1990 in seinem Buch *Abschied von einer Illusion, Volkskirche ohne Zukunft* vorgelegt hat. Er war Pastor an der Hauptkirche St. Petri in Hamburg und seit 1978 Leiter der »Geistlichen Gemeinde-Erneuerung in der Evangelischen Kirche« (GGE). 1988 verließ er die evangelische Kirche und gründete eine evangelische Freikirche in Ham-

> Nur das Evangelium von Jesus Christus, wie es uns in der Bibel bezeugt wird, kann das Leben der Menschen und die Kirchen erneuern.

burg, die Anskar-Kirche, zu der heute sechs Gemeinden in Deutschland zählen.

In seinem Buch unterzieht Wolfram Kopfermann die »Ideologie der Volkskirche« einer radikalen Kritik, der ich in fast keinem Punkt widerspreche. Allerdings gibt es angesichts der geschrumpften und weiter schrumpfenden Größe der evangelischen Kirche keinen wirklichen Grund mehr, von einer Volkskirche zu sprechen. Kopfermann beschreibt die Entwicklung des Pluralismus in den evangelischen Kirchen in der zweiten Hälfte des 20. Jahrhunderts. Es ist nützlich, sich das in Erinnerung zu rufen.

»Vielleicht darf man ohne Romantik behaupten, dass die evangelische Kirche der ersten Nachkriegszeit so etwas wie einen theologischen Grundkonsens besaß. Gewiss, zu einer Erneuerung an Haupt und Gliedern hatte der Zusammenbruch des Dritten Reiches nicht geführt. Die Kirche profitierte von den restaurativen gesellschaftlichen Tendenzen. Aber viele aus der Generation akademischer Lehrer, die damals kommende Pfarrer ausbildeten, ebenso auch zahlreiche Kirchenführer waren Männer mit biblischer Substanz.

In den 50er-Jahren wuchs der Einfluss Rudolf Bultmanns und seiner Schule. […] Bereits Anfang der 50er-Jahre warnte Walter Künneth vor dem theologischen Programm Bultmanns als einer kirchlichen Gefahr; man beachtete Derartiges nicht. […] Die Kirche besaß nicht die geistliche Urteilskraft, die totale Auflösung aller tragenden Aussagen des Evangeliums zu erkennen (der Fetisch Wissenschaft machte dabei seinen unrühmlichen Einfluss geltend), noch weniger, diesem Destruktionsprozess entgegenzutreten.

Spätestens seit den frühen 60er-Jahren begannen sich Sorge und Abwehr besonders im Bereich des Pietismus breitzumachen. Es kam zur Bildung der Bekenntnisbewegung ›Kein anderes Evangelium‹ (Gal 1,6), später zu ähnlich strukturierten Gruppierungen. Geistlich instinktlose Leute brachten den damit aufgebrochenen Gegensatz auf die Formel: hier Universitätstheologie, hier Gemeindetheologie. [...] Die evangelische Kirche wurde in den 60er-Jahren sukzessive pluralistisch.

Zwischen dem, was etwa Pfarrer wie Wilhelm Busch, Deitenbeck, Bergmann oder Universitätslehrer wie Künneth, Köberle, Engelland, Michel und übrigens auch Thielicke auf der einen Seite, Rudolf Bultmann und seine einflussreichsten Schüler, besonders der Exeget Ernst Käsemann und der Systematiker Gerhard Ebeling, schulmäßig schwer einzuordnende Leute wie Willi Marxsen, der kreative Heinz Zahrnt und die sprachlich brillante Germanistin Dorothee Sölle vertraten, begab es keine bekenntnismäßige Kongruenz mehr. In dieser Phase, das ist festzuhalten, stritt man um das Verständnis der Bibel unter Berufung auf die Bibel.

Die modischen Theologien, die ab der zweiten Hälfte der 60er-Jahre Beachtung und Einfluss gewannen (politische Theologie, Theologie der Revolution, jene nicht immer leicht greifbare Theologie, die hinter der sogenannten neuen Seelsorgebewegung stand, ökologische Theologie, feministische Theologie u. a.) ließen die noch irgendwie an der Bibel orientierten theologischen Linken der 60er-Jahre geradezu konservativ erscheinen. [...]

Im Laufe der 80er-Jahre erweiterte sich das pluralistische Spektrum noch einmal, als z. T. über die ökumenische Bewegung, das Interesse am interreligiösen Dialog wuchs. Die uralte Frage, ob allein Jesus Christus der Weg zu Gott und damit das Christentum wirklich die wahre Religion sei, wurde zunehmend neu gestellt und immer häufiger auch in der Landeskirche verneint. Dies geschah nicht frontal, sondern auf dem Wege der Relativierung (für uns als Christen ist Jesus natürlich der einzige Weg, aber ob er es auch für alle anderen Menschen ist, können wir getrost Gott überlassen) oder mittels der Einladung zu einem wechselseitigen Lernprozess der Weltreligionen. Heute steuert die evangelische Kirche in Deutschland auf einen synkretistischen Pluralismus zu.«[2]

Bitte beachten: Geschrieben vor einem Vierteljahrhundert! Heute sind wir in diesem Pluralismusprozess schon weiter. Kopfermann bedauert, dass die Kirchenleitungen nicht so viel Realitätssinn gehabt und Richtungsgemeinden zugestanden haben. *Dies hätte allerdings eine ehrliche Anerkennung des faktischen Sieges des Pluralismus und damit das Nicht-mehr-Vorhandensein eines tragenden Konsensus vorausgesetzt.*«[3]

Vergegenwärtigen wir uns: Pluralität ist Vielfalt auf der Grundlage tragender Gemeinsamkeit. Die Kirche muss in diesem Sinne plural sein. Der Pfarrer Wilhelm Busch hat für die Verbindung von Einheit und Vielfalt in der Kirche das Bild der bunten Blütenwiese gebraucht. Pluralismus hingegen bezeichnet »*das Nebeneinander sich ausschließender Positionen in der gleichen Sachfrage*«[4]. Eine demokratische Gesellschaft ist pluralistisch. Es ist das erklärte Ziel eines demokratischen Staates, dass in ihm Menschen gegensätzlicher Weltanschauungen – also Atheisten und Christen und Gläubige aller Art – friedlich miteinander leben. Die christliche Kirche aber hat als Fundament das Bekenntnis zum dreieinigen Gott. Ohne dieses Bekenntnis kann man weder Christ noch eine christliche Kirche sein.

Auf diesem Hintergrund wird das ganze Problem deutlich. Kopfermann beschreibt es so:

»Wir haben es in der evangelischen Kirche nicht mit einem relativen, sondern schon mit einem absoluten Pluralismus zu tun. Allerdings hat er bisher nirgends dazu geführt, dass die offiziellen Lehrgrundlagen der evangelischen Landeskirchen geändert wurden. Pfarrer werden weiter bei ihrer Ordination auf die reformatorischen Bekenntnisse verpflichtet. [...] Ebenso wird die liturgische Grundstruktur der Gottesdienste im Allgemeinen beibehalten. [...] Doch beide Fakten ändern an dem beschriebenen allgegenwärtigen Pluralismus nahezu nichts, weil die Technik der ›Neuinterpretation‹, die Haltung des Außerachtlassens und, wenn auch nicht überall, die Praktizierung offener Kritik der alten Lehrgrundlagen und Glaubenstraditionen diese als beliebig erscheinen lassen.«[5]

Wolfram Kopfermanns Konsequenz war klar. Er sah keine Möglichkeit, im falschen kirchlichen Rahmen richtige Gemeinde zu bauen. Das entspricht der grundsätzlichen Überzeugung, wie sie der Philosoph Theodor W. Adorno mit dem zum Sprichwort gewordenen Satz »Es gibt kein richtiges Leben im falschen« ausgedrückt hat.[6]

Kopfermann verließ die evangelische Kirche und gründete eine Freikirche. Ich habe daran nichts zu kritisieren. Überhaupt finde ich den freikirchlichen Weg völlig legitim. Ich war immer wieder in der schwierigen Lage, außerhalb Europas Menschen zu erklären, was eine evangelische Landeskirche ist, wie wir sie in Deutschland kennen.

Dass ein ganzes Land quadratmeterweise in Pfarrbezirke – evangelische und römisch-katholische – eingeteilt ist und dass

> Dass ein ganzes Land quadratmeterweise in Pfarrbezirke – evangelische und römisch-katholische – eingeteilt ist und dass auch Menschen zur Kirche gehören, die nie einen Gottesdienst besuchen und auch gar nicht an Gott glauben wollen, das verstehe, wer will.

auch Menschen zur Kirche gehören, die nie einen Gottesdienst besuchen und auch gar nicht an Gott glauben wollen, das verstehe, wer will. Die Menschen verstehen überall in der Welt unter einer christlichen Kirche eben eine Gemeinschaft von Menschen, die an Jesus Christus glauben. Also, von mir kommt keine Kritik am freikirchlichen Weg.

Aber ich muss mich natürlich fragen lassen und frage mich auch selbst, wieso ich in der evangelischen Kirche bin und bleiben will, obwohl ich die Kritik an ihrem praktizierten Pluralismus teile. Hat Adorno doch recht? Gibt es kein richtiges Leben im falschen? Das richtige Leben in der Gemeinde des Jesus Christus hier und jetzt ist immer noch von der Sünde gezeichnet. Das richtige Leben ohne Fehler und Sünde, ohne »Flecken und Runzeln« wird es erst in Gottes neuer Welt geben. Weil das Reich Gottes mit Jesus zu uns gekommen ist, gibt es auch jetzt schon in aller Vorläufigkeit das richtige Leben.

Wolfram Kopfermann war bekannt, dass es in den evangelischen Kirchen die Gemeinschaftsbewegung und ihre vielen freien Werke gibt. Sie arbeiten nach dem Grundsatz, den der Bonner Theologieprofessor Theodor Christlieb (1833–1889) geprägt hat: »Wir stehen in der Kirche, arbeiten wenn möglich mit der Kirche, stehen aber nicht unter der Kirche.« Kopfermann bezichtigte die Gemeinschaften der »ekklesiologischen Halbherzigkeiten« und schreibt: »*An dieses Konzept sind nicht von pragmatischen Überlegungen her, sondern aufgrund des neutestamentlichen Kirchenverständnisses Fragen zu richten*«[7], was er dann auch tat.

In diesem Buch wird es um diese »ekklesiologischen Halbherzigkeiten« gehen. Das will ich von vornherein klar sagen. Ich werde gar nicht versuchen, eine theologische Rechtfertigung der evangelischen Landeskirchen mitsamt ihrem Parochial- und Kirchensteuersystem zu geben. Dass das alles historisch so geworden ist, rechtfertigt theologisch nichts.

Was habe ich zu bieten? Eine naive biblische Sicht der Christusnachfolge und der Gemeinschaft der Jesusnachfolger? Ja, ich stimme dem berühmten Satz des Grafen Zinzendorf zu: »Ich statuiere kein Christentum ohne Gemeinschaft.« Habe ich im Folgenden nur Halbherzigkeit zu bieten? Sicherlich nur Bruchstückhaftes. Aber die Hoffnung, die der auferstandene Jesus uns schenkt, bewirkt auch, dass ich halbe Sachen mit ganzem Herzen tue. Ich halte mich gern an den Schlusssatz des Apostels Paulus in seinem großen Auferstehungskapitel: »*Darum, meine lieben Brüder und Schwestern, seid fest und unerschütterlich und nehmt immer zu in dem Werk des Herrn, denn ihr wisst, dass eure Arbeit nicht vergeblich ist in dem Herrn*« (1. Korinther 15,58).

So habe ich ein durchaus positives Verhältnis zu den Bruchstücken. Ich kann nur Puzzleteile suchen und zusammensetzen. Ich tue das in der Hoffnung, dass der Herr das ganze Bild vollenden wird. So lebe ich fröhlich und getrost mit dem Vorläufigen, manchmal auch seufzend. Wenn ich einigen auf diese Weise Mut machen kann, hat dieses Buch seinen Zweck erfüllt.

KAPITEL 1
Ich glaube an die heilige christliche Kirche

Ich habe eine starke Überzeugung, dass die christliche Kirche ein Wunder und ein Geschenk Gottes an die Welt ist. In diesem ersten Kapitel will ich dieses Wunder beschreiben.

In fast jedem evangelischen Gottesdienst spricht die Gemeinde das Apostolische Glaubensbekenntnis. Man spricht es gemeinsam, aber jeder sagt »ich glaube«: »Ich glaube an Gott, den Vater, den Allmächtigen, den Schöpfer des Himmels und der Erde. Und an Jesus Christus, seinen eingeborenen Sohn, unsern Herrn. [...] Ich glaube an den Heiligen Geist, die heilige christliche Kirche, Gemeinschaft der Heiligen [...].«

Glaube ich an die heilige christliche Kirche wie an Gott, den Vater, den Sohn und den Heiligen Geist? Ja. Genauso wie »an die Vergebung der Sünden, Auferstehung der Toten und das ewige Leben«.

Wieso aber ist die Kirche heilig? Trotz der konfessionellen Spaltungen? Trotz der Streitereien in Gemeinden? Trotz aller Missbrauchs- und Finanzskandale? Und welche Kirche ist denn gemeint? Die römisch-katholische Kirche, die evangelischen Landeskirchen, die

> Alle, die durch Jesus Christus mit Gott versöhnt sind, gehören zum Leib des Jesus Christus.

Freikirchen, die orthodoxen Kirchen – koptisch, griechisch, russisch …?

Ich glaube daran, dass alle, die durch Jesus Christus mit Gott versöhnt sind, zum Leib des Jesus Christus gehören. Egal in welchem Land sie leben, welche Sprache sie sprechen, von welcher Kultur sie geprägt wurden. Sie versammeln sich in kleinen und großen Gruppen. Sie organisieren sich auf unterschiedliche Weise. Sie feiern Gottesdienste in unterschiedlichen Formen. Millionen loben und dienen Gott in dieser Zeit auf dieser Erde. Millionen, die bereits gestorben sind, loben und dienen Gott jetzt in der unseren Augen unsichtbaren Welt Gottes.

Diese Kirche ist heilig, weil sie zu dem dreieinigen Gott gehört. Heilige sind keine moralisch besseren Menschen, sondern sie gehören ganz und gar zu Gott. Die Gemeinschaft der Heiligen bezeichnet also alle, die durch Jesus Vergebung der Sünden empfangen haben und sich zu ihm als Herrn bekennen. Sie sind in einer Lebensgemeinschaft noch enger verbunden als die Mitglieder einer Familie. Die Bibel nennt diese Gemeinschaft den Leib des Jesus Christus. Jedes Organ und jeder Körperteil ist lebensnotwendig dauernd mit dem ganzen Körper verbunden. Wer Jesus vertraut, gehört zu dieser Gemeinschaft.

Ich freue mich an großen und kleinen lebendigen Gemeinden in Landes- und Freikirchen. Ich habe mit Freude Gottesdienste in Gemeinden in vielen europäischen Ländern, in Asien, Afrika, Nord- und Südamerika gefeiert. Mich begeistert die Tatsache, dass heute Gemeinden in Ländern entstehen, in denen die Christen noch vor Kurzem ausgerottet werden sollten wie in China. Ich staune darüber, dass christliche Gemeinden gerade in Ländern entstehen, in denen sie verfolgt werden.

Die weltweite Kirche – der Leib des Jesus Christus – ist sichtbar. Menschen aus Fleisch und Blut bekennen sich zu Jesus, versammeln sich, feiern Gottesdienste, helfen einander und anderen Menschen, auch wenn die nicht an Gott glauben. Die weltweite Kirche ist keine theologische Idee, sie ist eine Gemeinschaft, die wirklich lebt.

Es ist nicht meine Aufgabe, über einzelne Personen zu urteilen, ob sie wirklich dazugehören oder nicht, ob ihr Glaube echt ist oder nicht. Ich glaube denen, die sich zu Jesus Christus bekennen, ihren Glauben. Wir Menschen sehen nur, was vor Augen ist. Gott sieht das Herz an.

Jesus hat gesagt, dass auf dem Erntefeld Gottes Weizen und Unkraut miteinander wachsen. Gott wird im Gericht das Unkraut vom Weizen trennen (vgl. Matthäus 13,24-30.36-43). Das ist also nicht unsere Sache. Es gab und gibt immer wieder Versuche, sogenannte »reine« Gemeinden herzustellen. Das endet immer in Heuchelei, Hochmut und Anmaßung.

Jesus sagt in der Bergpredigt, dass uns am Ende der Geschichte noch Überraschungen bevorstehen:

»Es werden nicht alle, die zu mir sagen: Herr, Herr!, in das Himmelreich kommen, sondern die den Willen tun meines Vaters im Himmel. Es werden viele zu mir sagen an jenem Tage: Herr, Herr, haben wir nicht in deinem Namen geweissagt? Haben wir nicht in deinem Namen Dämonen ausgetrieben? Haben wir nicht in deinem Namen viele Machttaten getan? Dann werde ich ihnen bekennen: Ich habe euch nie gekannt; weicht von mir, die ihr das Gesetz übertretet!« (Matthäus 7,21-23)

Jesus sagt uns zugleich sehr klar, wie Menschen gerettet werden: »*Wahrlich, wahrlich, ich sage euch: Wer mein Wort hört und glaubt dem, der mich gesandt hat, der hat das ewige Leben und kommt nicht in das Gericht, sondern er ist vom Tode zum Leben hindurchgedrungen*« (Johannes 5,24). Jesus sagt, dass es ein Gericht, einen neuen Himmel und eine neue Erde, aber auch eine ewige Verdammnis geben wird. Also sind wir verpflichtet, diese Botschaft den Menschen in gleicher Klarheit weiterzusagen. Jesus allein ist der Retter. Allein durch ihn werden wir mit Gott versöhnt. Er sagt: »*Ich bin der Weg und die Wahrheit und das Leben; niemand kommt zum Vater denn durch mich*« (Johannes 14,6).

Mit Abraham fing es an

Wir sagen »Kirche« und meinen ein Gebäude oder eine Großorganisation. In der Bibel geht es aber zuerst und vor allem um die Versammlung des Volkes Gottes. Das Volk Gottes entstand mit der Berufung Abrahams:

> »Und der Herr sprach zu Abram: Geh aus deinem Vaterland und von deiner Verwandtschaft und aus deines Vaters Hause in ein Land, das ich dir zeigen will. Und ich will dich zum großen Volk machen und will dich segnen und dir einen großen Namen machen, und du sollst ein Segen sein. Ich will segnen, die dich segnen, und verfluchen, die dich verfluchen; und in dir sollen gesegnet werden alle Geschlechter auf Erden.« (1. Mose 12,1-3)

Gott beginnt mit Abraham, Isaak und Jakob. Die zwölf Söhne Jakobs werden die Stammväter der zwölf Stämme, die zum Volk Israel gehören. Gott führt Israel durch die Jahrhunderte. Er gebraucht dabei Mose und Josua, die Richter, die Könige und Propheten. Gott bleibt seinem Bundesvolk Israel treu, obwohl das oft untreu wurde. Gott verheißt seinem Volk den Messias. Dieses Versprechen erfüllt er mit Jesus.

Durch den Messias (griechisch: *Christus*) Jesus macht Gott wahr, was er Abraham versprochen hat: »*In dir sollen gesegnet werden alle Geschlechter auf Erden*« (1. Mose 12,3). Der Bund Gottes mit Israel wird nicht gekündigt, sondern für die Völker geöffnet. Dieses Wunder ist durch den Messias Jesus geschehen.

Paulus erinnert die Gemeinde in Ephesus daran, dass sie von Natur aus nicht zum Volk Gottes Israel gehörten (vgl. Epheser 2,11-14).

Der Bund wurde für die Völkerwelt geöffnet. Die Berufung Abrahams hatte von Anfang an ein internationales, globales Ziel. Wenn Luther in seiner Bibelübersetzung »Heiden« schreibt, steht im hebräischen und griechischen Urtext »Völker«. Gemeint sind die Völker außerhalb des Bundesvolkes Israel.

Das Volk Israel und die Menschen, die aus den Völkern durch Jesus in den Bund aufgenommen wurden, bilden eine Einheit.

Im Neuen Testament, das ursprünglich in Griechisch geschrieben ist, gibt es nur ein Wort für Kirche und Gemeinde: *ekklesía*. Das ist die Versammlung. Die Volksversammlung des Volkes Gottes. Kirche ist also in der Bibel nicht ein Gebäude, auch keine Großorganisation. Überhaupt ist die Organisationsform zweitrangig. Wichtig aber ist, dass wir begreifen: Das Volk Israel und die Menschen, die aus den Völkern durch Jesus in den Bund aufgenommen wurden, bilden eine Einheit.

Zuerst bestand die Gemeinde der Jesusnachfolger in Jerusalem nur aus Juden und Sympathisanten der jüdischen Synagogen-Gemeinden, die zu einem der großen jüdischen Feste nach Jerusalem gepilgert waren. Bald aber kamen auch Nichtjuden dazu. Die Apostel rangen einige Zeit um die Beantwortung der Frage: Können Nichtjuden Jesus nachfolgen und zum Volk Gottes gehören, ohne beschnitten zu werden und alle Vorschriften der Tora – auch die Speisegebote und Reinheitsgebote – zu befolgen? Die Antwort war: Ja.

Bald aber verstanden manche Christen nicht mehr, dass Israel Gottes Bundesvolk bleibt, dem Gott weiterhin die Treue hält. Sie hatten erlebt, wie ein Teil der Juden Jesus ablehnte. In der Kirche entwickelte sich sogar Judenfeindschaft. Juden wurden als Gottesmörder beschuldigt und beschimpft. Die schrecklichen Folgen bis zur Judenvernichtung durch die Nazis sind bekannt.

Paulus musste schon im Brief an die römische Gemeinde erklären, wie das Verhältnis der christlichen Gemeinde zum jüdischen Volk ist. Er gebraucht dazu den Vergleich mit dem Ölbaum, in dessen Stamm einige Zweige ausgebrochen und andere Zweige eingepfropft werden (vgl. Römer 11,17-24).

Wir Christen aus den Völkern lieben Israel, weil sich an diesem Volk die voraussetzungslose Liebe und Treue Gottes bewiesen hat und in Zukunft beweisen wird. Paulus berichtet das Geheimnis, das ihm von Gott offenbart wurde: *»Ich will euch, Brüder und Schwestern, dieses Geheimnis nicht verhehlen, damit ihr euch nicht selbst für klug haltet: Verstockung ist einem Teil Israels widerfahren, bis die volle Zahl der Heiden hinzugekommen ist. Und so wird ganz Israel gerettet werden«* (Römer 11,25-26).

Wir leben von derselben Liebe und Treue Gottes. Sie hat uns gerettet und bringt uns zum Ziel. Wenn wir die bleibende Verbundenheit mit dem jüdischen Volk nicht wahrnehmen, verstehen wir nicht wirklich, was die heilige christliche Kirche, die Gemeinschaft der Heiligen ist.

Eine besondere Freude ist es zu sehen, dass in unserer Zeit die Zahl der Juden wächst, die Jesus als ihren Messias anerkennen und ihm folgen – innerhalb und außerhalb des Landes Israel. Sie nennen sich heute messianische Juden, nicht Christen. Sie wollen damit deutlich machen, dass sie nicht vom Judentum zum Christentum, von einer Religion zu einer anderen, übergetreten sind. Sie sind durch Jesus zur Erfüllung der Verheißung Abrahams gekommen. Sie entfremden sich durch ihre Jesusnachfolge nicht vom Bundesvolk Israel, sondern finden in Jesus ihre Bestimmung als Juden. Eine besondere Gnade Gottes sehen wir darin, dass heute auch in Deutschland die messianischen Gemeinden wachsen.

Kennzeichen der Kirche

Wie viele Menschen sind nötig, damit man von der Kirche oder von einer Gemeinde des Jesus Christus sprechen kann? Jesus hat gesagt: *»Wahrlich, ich sage euch auch: Wenn zwei unter euch einig werden auf Erden, worum sie bitten wollen, so soll es ihnen widerfahren von meinem Vater im Himmel. Denn wo zwei oder drei versammelt sind in meinem Namen, da bin ich mitten unter ihnen«* (Matthäus 18,19-20). Das ist klar. Wo Menschen sich im Namen von Jesus versammeln, ist Jesus bei ihnen. Zwei reichen aus. Und wo Jesus ist, da ist Kirche.

Bekehrung und Taufe

Fünfzig Tage nach der Auferweckung von Jesus entstand in Jerusalem am Pfingstfest, dem jüdischen Fest Schawuoth, die erste Gemeinde aus Juden und Leuten, die mit dem Judentum sympathisierten. Wir lesen den Bericht darüber im 2. Kapitel der Apostelgeschichte. Dort sind auch die wichtigsten Kennzeichen der Kirche beschrieben: Die Apostel verkündigten das Evangelium von Jesus Christus. Die Menschen, die dem Evangelium antworteten und umkehrten, bekannten ihre Sünden und wurden zum Zeichen dafür, dass sie Vergebung der Sünden und den Heiligen Geist empfangen haben, getauft. Durch die Taufe wurden sie ganz unter die Herrschaft von Jesus Christus gestellt. Mit diesen Schritten beginnt die Kirche.

Dann lesen wir, was das Leben dieser Gemeinde ausmachte:

»Die nun sein Wort annahmen, ließen sich taufen; und an diesem Tage wurden hinzugefügt etwa dreitausend Menschen. Sie blieben aber beständig in der Lehre der Apostel und in der Gemeinschaft und im Brotbrechen und im Gebet. [...] Alle aber, die gläubig geworden waren, waren beieinander und hatten alle Dinge gemeinsam. Sie verkauften Güter und Habe und teilten sie aus unter alle, je nachdem es einer nötig hatte. Und sie waren täglich einmütig beieinander im Tempel und brachen das Brot hier und dort in den Häusern, hielten die Mahlzeiten mit Freude und lauterem Herzen und lobten Gott und fanden Wohlwollen beim ganzen Volk. Der Herr aber fügte täglich zur Gemeinde hinzu, die gerettet wurden.« (Apostelgeschichte 2,41-42.44-47)

Die Lehre der Apostel

Die Lehre der Apostel besteht aus den Berichten der Augen- und Ohrenzeugen der Offenbarung Gottes in Jesus. Die Lehre der Apostel ist die Grundlage der Kirche. Die neuen Gläubigen wollten Jesus, dem sie ihr Leben anvertraut hatten, besser kennenlernen. Die Apostel berichteten, was Jesus gesagt und getan hatte. Sie berichteten von seinem Sterben und seiner Auferweckung. Sie berichteten, was Jesus sie in den drei Jahren vor seiner Kreuzigung und in den vierzig Tagen nach seiner Auferstehung gelehrt hatte. Jesus hatte ihnen anhand der Schriften des Alten Testamentes erklärt, dass die ganze Geschichte Gottes mit der Welt und besonders mit Israel auf ihn, den Messias, zulief (vgl. Lukas 24,25-27).

Die Lehre der Apostel ist in der Bibel dokumentiert, im Alten und im Neuen Testament. Die Gemeinde braucht regelmäßig die Lehre der Apostel. Das gilt heute wie damals. Das Lesen der Bibel und ihre Auslegung nähren das Vertrauen der Gemeinde. Die Apostel waren Menschen wie wir, die Jesus durch die Vergebung der Sünden gerettet hat. Aber sie sind doch von allen nachfolgenden Christen dadurch unterschieden, dass sie die Augen- und Ohrenzeugen von Jesus waren. Gott gebraucht diese Apostel, um sein Reden und Handeln durch Jesus zu dokumentieren. Ohne diese Berichte können wir Jesus nicht kennen. Weil Jesus sie berufen und mit dem Geist Gottes erfüllt hat, sind ihre Berichte Gottes Wort. Sie sind Quelle und Maßstab unseres Glaubens und Lebens, wie es auch die Worte der Propheten und Berichterstatter des Alten Bundes sind.

Die Gemeinschaft mit Gott und miteinander

Neben dem beharrlichen Hören auf die Lehre der Apostel wird die Gemeinschaft der ersten Gemeinde in Jerusalem stark betont. Sie aßen miteinander und teilten, was sie besaßen. Sie trafen sich mit Tausenden im Vorhof des Tempels, dem einzigen großen Versammlungsort in Jerusalem für solche großen Treffen. Sie lebten aber auch täglich in Hausgemeinschaften zusammen. Wir hören nicht, ob sie Lieder gesungen haben und ob ihre Zusammenkünfte bestimmten Ordnungen folgten. Aber wir lesen, dass sie ihren Besitz miteinander teilten, wo und wie es nötig war.

Das Bekenntnis zu Jesus als dem Retter und Herrn bedeutet: Unser ganzes Leben ist Eigentum Gottes. Eigentlich galt das schon immer und für alle Menschen, weil Gott uns geschaffen und erhalten hat. Aber nachdem wir uns aufgeführt haben, als wären wir unsere eigenen Herren – autonome, selbstbestimmte Menschen –, geschieht mit der Bekehrung zu Jesus ein völliger Wechsel. Alles, was ich bin und habe, gehört Gott. Ich bin nicht Marionette, sondern Geschäftsführer des Lebens, das Gott mir geschenkt hat und das ihm gehört. Also lautet von jetzt an die Frage: Was mache ich mit Gottes Eigentum, das er mir zur Verwaltung anvertraut hat? Das betrifft meinen Körper, meine Gesundheit, meinen Besitz, meine Zeit, meine Begabungen, meine Beziehungen.

Ganz selbstverständlich bestimmte diese neue Sicht des eigenen Lebens das gemeinsame Leben der ersten Christen. Sie standen nicht unter sozialistischem Zwang, sondern wurden durch festliche Freude und Lob Gottes bewegt.

Sind diese Berichte übertrieben und idealisiert? Das haben manche Kritiker behauptet. Aber wir lesen in der Apostelgeschichte auch, dass es sehr menschlich zuging. Es gab Bevorzugung und Benachteiligung wegen kultureller und sozialer Prägungen (vgl.

Apostelgeschichte 6,1ff). Das gab Ärger. Die Apostel mussten Diakone berufen, um sozial gerechte Versorgung zu gewährleisten und den Ärger aus der Welt zu schaffen. Wir lesen auch, dass verlogene Motive das großzügige Teilen vergifteten. Und das hatte dramatische Folgen (vgl. Apostelgeschichte 5).

Die Gemeinschaft miteinander war verwurzelt in der Gemeinschaft mit Gott. Die Christen der ersten Gemeinde hörten auf Gottes Wort, das ihnen die Apostel sagten. Und sie antworteten im Gebet. Durch Jesus hatten sie die Erlaubnis zum vertrauensvollen Gespräch mit Gott, dem Vater, bekommen. Sie beteten zu dem einen Gott, der sich als Vater und als der Sohn offenbart hatte und der als der Heilige Geist in jedem Einzelnen und in der Gemeinde wirkte.

Das gemeinsame Essen ergab sich ganz selbstverständlich. Jesus hatte während seines Erdenlebens die Lebensgemeinschaft mit Gott angeboten, nämlich durch sein gemeinsames Essen mit seinen Jüngern, aber auch mit fragwürdigen Personen, Sündern und Zöllnern und ebenso mit den religiösen Führungskräften, Schriftgelehrten und Pharisäern. Er hatte damit immer wieder demonstriert: »Ich bin das Brot des Lebens.«

> Die Gemeinschaft der ersten Christen miteinander war verwurzelt in der Gemeinschaft mit Gott.

Am Abend vor seiner Kreuzigung hatte er zur Eröffnung des Passahfestes das Sedermahl mit seinen Jüngern gefeiert. Dabei hatte er eine Mazze (ungesäuertes Brot) gebrochen und gesagt: »*Das ist mein Leib, der für euch gegeben wird; das tut zu meinem Gedächtnis.*« Dann hatte er einen Kelch am Schluss der Mahlzeit genommen und gesagt: »*Dieser Kelch ist der neue Bund in meinem Blut, das für euch vergossen wird!*« (Lukas 22,19-20).

So wie Jesus es eingesetzt hatte, feierten seine Jünger dieses besondere Mahl. Die Aufforderung »das tut zu meinem Gedächtnis« macht die Mahlfeier nicht zum Erinnerungsmahl an einen

Toten. Jesus war auferstanden und ist in der Gemeinde gegenwärtig. Unter Brot und Wein schenkt er sich selbst. Das ist wirklich so, weil er es gesagt hat. Sein Wort schafft, was es sagt. Diese besondere Mahlfeier war in den ersten Gemeinden mit den normalen Mahlzeiten verbunden.

Taufe und Mahlfeier sind die Zeichen, durch die die Zugehörigkeit zum Volk Gottes manifestiert wird. Sakramente nennen wir mit einem Fremdwort diese sichtbaren Zeichen, die uns vergewissern sollen. Sie haben ihre Gültigkeit und Wirksamkeit dadurch, dass Jesus sie eingesetzt hat.

In der Reformation wurde das Augsburgische Bekenntnis von 1530[8] als das für die evangelischen Kirchen wichtigste Bekenntnis formuliert. In den Artikeln 7 und 8 spricht es von der Kirche und nennt drei Kennzeichen: Die Kirche ist Versammlung aller Gläubigen, also Gemeinschaft der Heiligen. Die Gemeinschaft ist näher dadurch gekennzeichnet, dass das Evangelium rein verkündet und Taufe und Mahl des Herrn dem Evangelium entsprechend praktiziert werden. Der Artikel 8 bestätigt uns, dass wir das letzte Urteil über die Menschen Gott überlassen. Nüchtern wird mit vielen falschen Christen und Heuchlern in der Kirche gerechnet. Das beeinträchtigt die Wirkung des Wortes Gottes und der Sakramente nicht.

Prof. Johannes Zimmermann schreibt über die Gemeinde: »*Kirche ist zuerst und vor allem ›Versammlung der Gläubigen‹. Die Predigt des Evangeliums und die Feier des Sakramentes sind notwendige Näherbestimmungen dazu. […] Wenn christliche Gemeinde im Kern Gemeinschaft ist, dann sollte das auch wahrnehmbar und erfahrbar sein.*«[9]

In Gottes Mission – Dienst in Wort und Tat

Die Kirche des Jesus Christus ist keine geschlossene Gesellschaft.
Sie ist auch kein Selbstzweck. Sie ist kein Verein zur Traditions-
pflege und Selbsterhaltung. Wer mit Jesus verbunden ist, nimmt
an seinem Leben und Wirken teil. Alle, die an Jesus glauben, sind
Teil der Mission Gottes. Worin aber besteht diese Mission? Der
Begriff ist im Laufe der Kirchengeschichte auf unterschiedliche und
sogar gegensätzliche Weise gebraucht worden. Der südafrikanische
Missionstheologe David Bosch hat 79 verschiedene Definitionen
in der Christenheit ausgemacht. Da sind Missverständnisse unvermeidlich, wenn man das Wort Mission gebraucht. Mission ist aber
ein Wort der Bibel, wie auch das dem Fremdwort Evangelisation
zugrunde liegende griechische Wort. Also orientieren wir uns an
den biblischen Aussagen! Vielleicht gewinnen wir dadurch neue
Klarheit.

Am Abend des Auferstehungstages tritt Jesus in einen verschlos-
senen Raum und begegnet seinen Jüngern:

»Am Abend aber dieses ersten Tages der Woche, da die Jünger
versammelt und die Türen verschlossen waren aus Furcht vor
den Juden, kam Jesus und trat mitten unter sie und spricht zu
ihnen: Friede sei mit euch! Und als er das gesagt hatte, zeigte
er ihnen die Hände und seine Seite. Da wurden die Jünger
froh, dass sie den Herrn sahen. Da sprach Jesus abermals zu
ihnen: Friede sei mit euch! Wie mich der Vater gesandt hat,
so sende ich euch. Und als er das gesagt hatte, blies er sie an
und spricht zu ihnen: Nehmt hin den Heiligen Geist! Welchen
ihr die Sünden erlasst, denen sind sie erlassen; welchen ihr sie
behaltet, denen sind sie behalten.« (Johannes 20,19-23)

Der Vater hat den Sohn Jesus gesandt. Er kam, um die Welt zu retten und mit Gott zu versöhnen. Für »Sendung« gebrauchen wir zwei Fremdwörter: *Mission* und *Apostolat*. *Mission* kommt aus dem Lateinischen, *Apostolat* aus dem Griechischen. Jesus redet hier von der Mission Gottes. Jesus ist der Gesandte, der Missionar, der Apostel Gottes (vgl. Hebräer 3,1). Seine Sendung hört nicht auf. Er sendet seine Jünger. Aber das sollten wir nicht missverstehen. Seine Jünger führen die Mission Gottes nicht weiter, weil Jesus selbst gestorben ist und es nicht mehr tun kann. Jesus ist auferstanden. Er ist das Haupt seiner Gemeinde. Er handelt zusammen mit seinen Jüngern. Er selbst handelt durch sie.

Darum steht in folgendem Satz ein unerhörter Vergleich: »*Wie mich der Vater gesandt hat, so sende ich euch.*« Ist die Sendung des Sohnes nicht unvergleichlich einzigartig? Er allein ist der Retter, in dem Gott Mensch wird und an unserer Stelle das Gericht Gottes trägt, das wir Menschen verdient haben. Gott bestätigt das durch die Auferweckung von Jesus. Ja, das ist unvergleichlich einzigartig.

Was aber ist vergleichbar zwischen der Sendung des Sohnes durch den Vater und der Sendung der Jünger durch den Sohn?

Der Vergleich gilt in zweierlei Hinsicht. Erstens: Jesus sendet sie mit gleicher Vollmacht. Darum gibt er ihnen schon am Auferstehungstag den Geist Gottes und die Vollmacht, die Vergebung der Sünden in seinem Namen zuzusprechen.

Das Gebet ist der Lebensnerv zwischen den Jüngern und dem sendenden Herrn.

Schon früher hat Jesus seinen Jünger die Vollmacht versprochen: »*Wer euch hört, der hört mich; und wer euch verachtet, der verachtet mich; wer aber mich verachtet, der verachtet den, der mich gesandt hat*« (Lukas 10,16).

Zweitens: Nicht nur mit gleicher Vollmacht, sondern auch mit opferbereiter Liebe geschieht die Sendung der Jünger. Jesus hat für sich selbst und für seine Jünger das Bild vom Weizenkorn gebraucht: »*Wahrlich, wahrlich, ich sage euch: Wenn das Weizen-korn nicht in die Erde fällt und erstirbt, bleibt es allein; wenn es aber erstirbt, bringt es viel Frucht*« (Johannes 12,24). Die »Erfolgsmetho-de« heißt sterben und begraben werden wie Jesus.

Halten wir fest: Es geht um Gottes Mission. Der Vater sendet den Sohn, der Sohn sendet die Jünger. Worin besteht die Mission? Sie umfasst die Taten der Liebe und Barmherzigkeit wie Heilung, Speisung der Hungrigen, Linderung der Not. Sie umfasst die voll-mächtige Verkündigung des Evangeliums. Dazu gehört zuerst die Nachricht von Jesus Christus, wie sie in den Evangelien dokumen-tiert ist. Dazu gehört der ausdrückliche Ruf zur Umkehr in die Nachfolge von Jesus Christus und der Zuspruch der Vergebung der Sünden.

Diese Verkündigung des Evangeliums an Menschen, die Jesus noch nicht nachfolgen, bezeichnet die Bibel mit dem griechischen Wort »evangelisieren« (griechisch: *euangelízesthai*). Mission um-fasst die gesamte Sendung. Evangelisation ist Teil der Mission, nämlich die ausdrückliche Verkündigung des Evangeliums von Jesus Christus. Natürlich wird das Wort Gottes auch der Gemein-de verkündet, damit sie wächst. Der größte Teil der Verkündigung richtet sich faktisch an Christen. Das ist dann biblische Lehre und Seelsorge. Wir haben im 2. Kapitel der Apostelgeschichte gesehen, wie wichtig die regelmäßige Lehre der Apostel für die Gemeinde war. Verkündigung als biblische Lehre für Christen unterscheiden wir von Evangelisation, der Verkündigung des Evangeliums für Menschen, die Jesus noch nicht nachfolgen.

Zur Mission Gottes gehören aber auch das Gebet und die Gemeinschaft. Sind unsere Aktivitäten Teil von Gottes Mission oder unser eigenmächtiges Programm? Haben wir unseren Auftrag von Gott empfangen? Haben wir auf sein Wort gehört? Haben wir im Gebet gefragt und geantwortet? Botschafter sind nicht eigenständige Unternehmer. Sie empfangen ihre Aufträge von der sendenden Regierung. Diese Rückbeziehung ist grundlegend wichtig. So ist das Gebet der Lebensnerv zwischen den Jüngern und dem sendenden Herrn.

Jesus vollzieht seine Mission durch seinen Leib, seine Gemeinde. Die Organe und Körperteile haben verschiedene Aufgaben. Sie ergänzen sich. Dadurch kann der ganze Körper seine Aufgaben erfüllen. Manche Organe tun einen Innendienst, den man von außen gar nicht sieht. Aber ohne den Dienst der verborgenen Organe könnten Hände, Füße und Mund nicht wirksam werden.

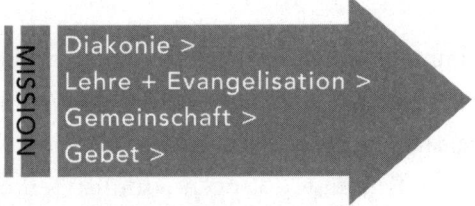

Die Mission Gottes umfasst die vier Elemente Diakonie, Lehre und Evangelisation, Gemeinschaft und Gebet. Wir können sie wohl gedanklich unterscheiden, aber wir dürfen sie im Lebensvollzug nicht trennen. Es gibt die Kirche des Jesus Christus nur in der Mission Gottes. Wer sich dieser Mission verweigert, trennt sich von Jesus. Eine Kirche ohne diese Mission ist ein Widerspruch in sich selbst.

Gehasst und verfolgt

Mit großer Selbstverständlichkeit redet Jesus von der Verfolgung seiner Gemeinde: »*Siehe, ich sende euch wie Schafe mitten unter die Wölfe. […] Und ihr werdet gehasst werden von jedermann um*

*meines Namens willen. Wer aber bis an das Ende beharrt, der wird
selig. Wenn sie euch aber in einer Stadt verfolgen, so flieht in eine
andere«* (Matthäus 10,16.22-23).

Das ganze Neue Testament ist voller Aussagen dieser Art.
Widerstand und Verfolgung sind geradezu Erkennungszeichen
der Kirche. Das war so zur Zeit des Neuen Testamentes und in der
ganzen Kirchengeschichte. Das ist heute so.

Die Christenheit ist dramatisch gewachsen. Aber entsprechend
ist auch die Feindschaft gegen Christen gewachsen. Wo immer ein
totalitärer Anspruch erhoben wird, sagen die Christen: »Man muss
Gott mehr gehorchen als den Menschen.« Dafür gehen sie in atheistischen Diktaturen in die Gefängnisse und werden hingerichtet,
genauso in Staaten, in denen bestimmte Religionen oder Ideologien
totalitäre Ansprüche auf die Menschen erheben.

Es ist aufregend zu sehen, dass die Kirche des Jesus Christus in
unserer Zeit gerade in solchen Ländern wächst, wo sie brutal verfolgt wurde und noch wird. China ist ein hervorstechendes Beispiel
dafür, aber auch die islamische Welt. Jahrhundertelang schien es
unmöglich, dass in der islamischen Welt Christengemeinden neu
entstehen und wachsen könnten. Heute erleben wir dieses Wunder. Junge iranische Christen bekehren sich zu Jesus und folgen
ihm unter schwersten Bedingungen. Sie sind uns Christen, die wir
in Freiheit und durch komfortable Bedingungen verwöhnt, träge
und manchmal sogar feige geworden sind, eine Ermutigung und
Herausforderung.

Von ganzem Herzen spreche ich auch diesen Abschnitt des Apos-
tolischen Glaubensbekenntnisses: »Ich glaube an den Heiligen
Geist, die heilige christliche Kirche, Gemeinschaft der Heiligen,
Vergebung der Sünden, Auferstehung der Toten und das ewige
Leben.« Ich denke dabei an den einen weltweiten Leib des Jesus

Christus aus Juden und Nichtjuden. Diese Kirche ist die Schöpfung des Geistes Gottes. Sie ist auch in unserer von Sünden und Versagen gekennzeichneten Welt eine erfahrbare Realität. Darum folgt im Glaubensbekenntnis auf das Bekenntnis zu der heiligen christlichen Kirche, der Gemeinschaft der Heiligen, sofort der Glaube an die Vergebung der Sünden. Vergebung der Sünden ist das Überlebensmittel in unserer Welt.

Die heilige christliche Kirche besteht aus allen Jesusnachfolgern, in welchen kirchlichen und gemeindlichen Organisationen, in welchen Kulturen, Völkern und Ländern sie auch leben, welche Sprachen sie auch sprechen. Es ist eine Freude, dazuzugehören. Allein der Gedanke, dass in jedem Augenblick, mit dem Aufgang und Untergang der Sonne Menschen auf der ganzen Erde den lebendigen Gott im Namen Jesu Christi anrufen, ihn loben, ihm danken und ihn bitten, begeistert mich.

> Die heilige christliche Kirche besteht aus allen Jesusnachfolgern, in welchen kirchlichen und gemeindlichen Organisationen, in welchen Kulturen, Völkern und Ländern sie auch leben, welche Sprachen sie auch sprechen.

KAPITEL 2
Woran die evangelischen Kirchen kranken

Was ist los in den evangelischen Kirchen?

Wenn ich in diesem Kapitel über Nöte und Fehlentwicklungen in den Kirchen schreibe, will ich keinen Augenblick vergessen, was ich über die Kirche als Wunder Gottes im vorigen Kapitel geschrieben habe. Das steht keinesfalls im Widerspruch zueinander.

In allen Teilen der Welt wächst die Kirche, nur in Westeuropa nicht. Woran liegt das? In Europa stehen die ältesten und schönsten Kirchengebäude. Nirgendwo in der Welt sind Kirchen materiell so reich wie in einigen Teilen Europas – vor allem in Deutschland – und in Nordamerika. Die meisten Gottesdienste in Deutschland sind allerdings schlecht besucht.

Kirchenmitgliedschaft und Gottesdienstbesuch

1990 hatten die evangelischen Kirchen in Deutschland 29 422 000 Mitglieder. Das waren 36,9 Prozent der deutschen Bevölkerung. 2015 waren es 22 272 000 Mitglieder (27,1 Prozent der deutschen Bevölkerung). Es gab 2015 etwa 1,5 Millionen Katholiken mehr als Protestanten in Deutschland: 23 762 000 (28,9 Prozent der deutschen Bevölkerung). 28 000 000 waren konfessionslos (34 Prozent der deutschen Bevölkerung).[10]

In einer Statistik der Evangelischen Kirche in Deutschland (EKD) ist zu lesen:

»Die Teilnahme am Gemeindegottesdienst ist ein wesentlicher Ausdruck christlicher Frömmigkeit. Im Laufe eines Jahres werden in Deutschland an Sonn- und Feiertagen 1,1 Millionen Gottesdienste gefeiert, darunter etwa 210 000 Kindergottesdienste. Das sind pro Sonn- und Feiertag 18 000 Gottesdienste. Hinzu kommen 38 000 Christvespern und Metten am Heiligen Abend, zahlreiche Jahresschlussgottesdienste, Gottesdienste und Andachten, die an Werktagen aus besonderem Anlass […] gefeiert werden.«[11]

4 Prozent der Mitglieder evangelischer Kirchen gehen sonntags in einen Gottesdienst. »*Von den 16- bis 29-jährigen Evangelischen besucht nur 1 Prozent regelmäßig den Gottesdienst.*«[12] Am Erntedankfest sind es gut 8 Prozent, am Heiligen Abend sogar 35 Prozent. An jedem Sonntag nehmen 880 000 Menschen an den 18 000 evangelischen Gottesdiensten teil. Das sind im Durchschnitt 59 Personen pro Gottesdienst. Weil Jesus da ist, wo zwei oder drei in seinem Namen versammelt sind, gibt es allemal viel Grund, mit Freuden Gottesdienste zu feiern.

Wenn die »*Teilnahme am Gemeindegottesdienst [...] ein wesentlicher Ausdruck christlicher Frömmigkeit*« ist, muss es aber zu denken geben, dass durchschnittlich nur 4 Prozent der evangelischen Kirchenmitglieder an einem Sonntagsgottesdienst teilnehmen. Was ist mit den anderen 96 Prozent? Das sind doch gut 21 Millionen Mitglieder. Die 28 Millionen Konfessionslosen sollten uns auch interessieren, wenn wir in der Bibel lesen: Gott »*will, dass alle Menschen gerettet werden und sie zur Erkenntnis der Wahrheit kommen. Denn es ist ein Gott und ein Mittler zwischen Gott und den Menschen, nämlich der Mensch Christus Jesus, der sich selbst gegeben hat als Lösegeld für alle*« (1. Timotheus 2,3-6).

Zu Zeiten der Staatsreligion wurden hierzulande die Menschen mehr oder weniger gezwungen, in die Gottesdienste zu gehen. Nachdem der Zwang weggefallen ist, kam die Wahrheit zum Vorschein. Traditionsabbruch nennt man das. Historische Tatsache ist, dass Deutschland in den meisten Teilen von oben her christianisiert wurde. Die Herrscher entschieden, ob sie den christlichen Glauben annahmen. Die Untertanen mussten folgen. Sie wurden jedenfalls nicht persönlich gefragt. Bestenfalls wurden sie nachträglich im christlichen Glauben unterrichtet. Aber den meisten wurde das Evangelium nicht vor der Taufe gesagt. Sie wurden auch nicht gefragt, ob sie es annehmen wollten.

Tatsache ist heute, dass die Zeiten von Volkskirche längst vorbei sind.

Ich möchte nicht allzu pauschal und ungerecht urteilen, aber meiner Einschätzung nach sind wir heute total vom Individualismus geprägt. Wir können uns kaum vorstellen, dass in Gesellschaften, die vom Sozialgefüge der Großfamilien geprägt sind, die Entscheidung des Familienoberhauptes von den Familienangehörigen wirklich innerlich angeeignet und mitvollzogen wurde. So lesen wir schon im Neuen Testament, dass der Gefängnischef von Philippi

»sich und alle die Seinen sogleich taufen« ließ, nachdem Paulus der Familie in der Nacht das Evangelium von Jesus verkündet hatte (Apostelgeschichte 16,33). So geschah es in der Missionsgeschichte oft. Wenn die Autoritäten eines Volkes sich zu Jesus bekehrten, folgte ihnen das Volk.

Tatsache ist heute, dass die Zeiten von Volkskirche längst vorbei sind. Die christliche Gemeinde ist eine Minderheit in einer Mehrheitsgesellschaft, die sich für die Inhalte des christlichen Glaubens nicht interessiert und sie teilweise bewusst ablehnt. Das muss nicht heißen, dass man nicht trotzdem Mitglied der evangelischen Kirche bleibt. Dafür scheint es Gründe zu geben.

Warum werden die Chancen nicht genutzt?

Ich habe die Gesamtsituation trotz aller Fragwürdigkeit immer als eine Riesenchance gesehen. Die Leute sind Mitglieder der Kirche. Pfarrer können sie besuchen und mit ihnen über das Evangelium von Jesus reden. Es gibt viele Gelegenheiten zum Gespräch. Die sogenannten Amtshandlungen – Taufe, Konfirmation, Trauung, Beerdigung – machen Gespräche zwingend nötig. Da muss man doch über wesentliche Fragen sprechen, oder etwa nicht?

Mit den Eltern muss man darüber reden: Was passiert bei einer Kindertaufe? Ist das die Wiedergeburt, von der Jesus zu Nikodemus gesprochen hat (vgl. Johannes 3)? Die Eltern und Paten versprechen, dass sie dem Kind das Evangelium bezeugen und es in der Erkenntnis Gottes und seines Willens erziehen und dass sie für das Kind beten. Da wird ein Pfarrer doch mit den Eltern darüber sprechen müssen, wie sie das sehen und ob sie das wirklich tun möchten. Und wie sie das tun wollen.

Und was ist mit dem Treueversprechen der Eheleute vor Gott? Kennen sie das Wort Gottes und seine Kraft? Wollen sie mehr darüber wissen? Wie wollen sie ihre Ehe vor und mit Gott leben, wenn sie keine Verbindung zu einer Gemeinde haben und an Gottesdiensten nicht teilnehmen? Wie werden sie das in Zukunft halten? Was bedeutet ihnen überhaupt das Eheversprechen vor Gott?

Und wie ist das mit dem Sterben? Sind alle in der Gnade Gottes aufgehoben und kommen in den Himmel, auch wenn sie das Evangelium zu Lebzeiten nicht interessiert hat? Es heißt, es würde nirgendwo so viel gelogen wie auf Beerdigungen.

Dass die Mitgliederzahlen der Kirchen schrumpfen, hängt auch mit der demografischen Entwicklung zusammen: immer mehr Ältere, immer weniger Jüngere. Aber geht es wirklich nicht, was Bischof Huber in der Evangelischen Kirche von Berlin-Brandenburg vor Jahren als Motto ausgab: »Wachsen gegen den Trend«? Es ist wohl aussichtslos, wenn man dabei das Wachstum der Kirchenmitgliedszahlen meint. Unter den 96 Prozent der Mitglieder, die normalerweise keinen Gottesdienst besuchen, sind viele, die sich längst völlig anders orientiert haben und bei passender Gelegenheit austreten werden. Aber wenn wir an die 4 Prozent Gottesdienstbesucher denken – die Zahl könnte doch steigen, oder?

Warum nicht? Was muss sich ändern, damit mehr Menschen in die Gottesdienste kommen? Es gibt Gottesdienste, die rappelvoll sind. Woran liegt das? Darf man danach fragen? Nein, man darf nicht. Das scheint unanständig zu sein.

Ich entsinne mich an eine Diskussionsrunde bei Radio Bremen. Anlass war die ProChrist-Woche in der Stadthalle von Bremen im Jahr 2000. Der Moderator fragte einen jüngeren Pfarrer, der sich mit seiner Gemeinde nicht an ProChrist beteiligt hatte, sinngemäß: »Die Gemeinden, die sich an ProChrist beteiligen, erreichen auch sonst viele Menschen in ihren Gottesdiensten. Bei den Kritikern sind sonntags deutlich weniger Menschen in den Kirchen. Wie kommt das?« Der Pfarrer antwortete: »Uns geht es nicht um die Massen.« Der Moderator: »Ach, Sie interessieren sich also nicht für die Menschen?«

Ich hatte nicht den Eindruck, dass der Moderator viele Sympathien für den christlichen Glauben hatte. Aber er hatte ein Gespür dafür, ob die Pfarrer mit ihrer Arbeit wirklich möglichst viele Menschen erreichen wollten. Er konnte sich nicht vorstellen, dass man das nicht will, wenn einem die Menschen wichtig sind.

Nicht erst seit der Reformation galt in der Kirche der Satz *ecclesia semper reformanda* – »die Kirche muss immer erneuert werden«. In den reformatorischen Kirchen sollte dies eine selbstverständliche Lebensregel sein. Aber wehe, wenn jemand es wagt, die Arbeit der Pfarrer zu kritisieren. Da aber die evangelischen Kirchen nach der Reformation das Priestertum aller Gläubigen zwar theologisch-theoretisch entdeckt, aber nicht in die Praxis umgesetzt haben, sind die evangelischen Kirchen Pastorenkirchen geblieben und leider nicht Gemeindekirchen geworden. Darum müssen sich die Pfarrer auch Kritik gefallen lassen, weil vor allem sie die Erneuerung der Kirchen verhindern.

> Unser Problem in den evangelischen Kirchen sind nicht zuerst die Formen und Methoden, sondern es ist der theologische Inhalt.

Dabei geht es nach meiner Überzeugung heute nicht zuerst um Managementmethoden, auch nicht um Modernisierung der Gottesdienstformen. Gut, da kann man sicher eine Menge tun. Gottesdienste sollten so sein, dass die Gemeindeglieder und möglichst auch die Gäste sie mitvollziehen können.

Ich habe gut besuchte Gottesdienste in unterschiedlichen Formen erlebt. Mit traditioneller lutherischer, unierter oder reformierter Liturgie. Mit Orgel. Mit Gitarren, Klavier, Keyboard, Band,

Chor. Nicht jede Form gefällt allen. Es gibt keine Form, die für alle verschiedenen sozialen und kulturellen Prägungen innerhalb unserer Gesellschaft passend ist.

Unser Problem in den evangelischen Kirchen sind nicht zuerst die Formen und Methoden, sondern es ist der theologische Inhalt. Die Mitte des evangelischen Gottesdienstes ist die Predigt. Die Verkündigung des Wortes Gottes, die Auslegung der Bibel steht seit der Reformation wieder im Zentrum des Gottesdienstes. So wie es am Anfang war: *»Sie blieben beständig in der Lehre der Apostel, im Brotbrechen und im Gebet.«* Die Krise der Kirchen ist im Kern eine Krise der Verkündigung. Und die Krise der Verkündigung ist dadurch entstanden, dass das Vertrauen in die Autorität der Bibel verschwunden ist. Darüber zu sprechen, scheint in den Kirchen ein Tabu zu sein.

Das Tabu in den evangelischen Kirchen

Klaus-Peter Jörns, ehemals Professor für Praktische Theologie an der Berliner Humboldt-Universität, hat in seinem Buch *Die neuen Gesichter Gottes – Was die Menschen heute wirklich glauben* untersucht, was die Pfarrerschaft glaubt oder nicht mehr glaubt. Er fand heraus, dass ein großer Teil der Pfarrerschaft wichtige Teile der christlichen Lehre nicht mehr für wahr und wichtig hält. Im Vorwort der zweiten Auflage seines Buches wundert er sich darüber, dass Kirchenleitungen und Synoden das offensichtlich nicht als Grund zur Aufregung sehen. Er zitiert eine Rezension im Magazin Focus (24/1997) mit ihrem Kommentar zu seinen Umfrageergebnissen: *»Schock für die Kirchen: Nicht nur Laien, auch Pfarrer haben sich von vielen offiziellen Glaubensinhalten verabschiedet.«*
Jörns schreibt dann:

»Es kennzeichnet nun allerdings die interne Situation der Kirchen bzw. der Pfarrerschaft, dass, von Ausnahmen abgesehen, Kirchenleitungen und Pfarrergremien eher gelassen als geschockt auf die Umfrage reagiert haben. Ganz offenbar hat diese in ihrem kirchensoziologischen Teil – und vor allem im Blick auf die schwindende Bindung der Pfarrerinnen und Pfarrer an manche überlieferten Dogmen – die allermeisten von ihnen mit einem Bild konfrontiert, in dem sie sich mehr oder minder gut haben wiederfinden können.«[13]

Über die Ergebnisse des Theologiestudiums an evangelischen Fakultäten schreibt Jörns, die Theologen hätten eine Freiheit gewonnen, die es ihnen erlaube, zugleich mit der dogmatischen Tradition und auf Distanz zu ihr zu leben, und zwar ohne schlechtes Gewissen. Er muss dann aber auch feststellen, dass die Theologenschaft eine Freiheit in Anspruch nehme, die von den nicht theologischen Christen nicht erlernt werden könne.[14] Vielleicht muss man aber zutreffender sagen, dass die theologisch nicht so getrimmten Christen eine solche Widersprüchlichkeit nicht akzeptieren.

Wie Jörns in seinen später erschienenen Büchern gezeigt hat, zieht er die Konsequenz, dass die Kirche ein Update ihrer Glaubenslehre braucht und sich von der traditionellen Lehre verabschieden sollte. Was das heißt, will ich später an der biblischen Botschaft vom stellvertretenden Sühnetod Jesu zeigen. Zunächst halte ich fest, dass die Behauptung, ein großer Teil der Pfarrerschaft nehme die Aussagen des Apostolischen Glaubensbekenntnisses nicht für bare Münze, keine Verleumdung durch Evangelikale ist.

Warum regt diese Entwicklung niemanden in den Kirchen wirklich auf? Ja, es scheint ein Tabu zu sein, diese Tatsache zu thematisieren. Mir fiel das besonders auf, als ich noch einmal das an sich hoffnungsvolle Impulspapier des Rates der EKD von 2006 *Kirche der Freiheit* las.

Der demografische Wandel und die daraus sich ergebenden finanziellen Folgen sind offenkundig der Auslöser für dieses Impulspapier. Es verbindet eine schonungslose Analyse mit einer zuversichtlichen Zukunftsperspektive. Beide Komponenten sind der Handschrift des damaligen Ratsvorsitzenden der EKD, Bischof Wolfgang Huber, zu verdanken.

Ich will nur einige wenige Passagen zitieren:

»Die vor uns liegenden Gestaltungsaufgaben erfordern organisatorische Kompetenz und haushalterischen Umgang mit den verfügbaren Ressourcen. Sie fordern aber noch mehr: einen Mentalitätswandel in den evangelischen Kirchen. […] Prioritäten können bei zurückgehenden finanziellen Mitteln nur dann gesetzt werden, wenn zugleich bestimmte Arbeitsfelder reduziert, mit geringerem Aufwand neu gestaltet oder auch ganz aufgegeben werden.«[15]

»Nach evangelischem Verständnis gibt es keine heiligen, unantastbaren, unveränderbaren Organisationsstrukturen. Auftragsgemäßen, theologisch reflektierten Wandel zu ermöglichen, ist eine Daueraufgabe evangelischer Kirchenleitung auf allen Ebenen.«[16]

»Die gesellschaftliche Situation ist günstig. Ein neues, plural geprägtes Interesse für religiöse Fragen bestimmt unsere Gegenwart, das mit dem Stichwort der Wiederkehr der Religion nur grob gekennzeichnet ist. Dieses neue religiöse Interesse muss bewusst als ein besonderes Zeitfenster für neue kirchliche Initiativen genutzt werden.«[17]

Ob die folgende Behauptung zutrifft, wage ich zu bezweifeln.

»Glücklicherweise sind auch die internen kirchlichen Konflikte, die in den siebziger und achtziger Jahren des 20. Jahrhunderts sehr viele Kräfte beansprucht haben, weitgehend überwunden. Die verschiedenen evangelischen Frömmigkeitsstile sind näher zusammengerückt. Die Auseinandersetzungen zwischen konservativen und liberalen Gruppen, zwischen evangelikal-charismatischen Ansätzen und volkskirchlichen Anstrengungen sind aus der Phase der gegenseitigen Verurteilung und Bekämpfung herausgetreten; die Chancen wechselseitigen Lernens sind dadurch größer geworden.«[18]

Die Auseinandersetzungen in den 1970er- und 1980er-Jahren habe ich als vergleichsweise harmlos gegenüber den heutigen in Erinnerung. In dem Papier wird auch behauptet, dass eine missionarische Neuausrichtung der Kirche nun in allen kirchlichen Gruppierungen bejaht werde. Mission werde als Glauben weckendes Ansprechen der Menschen verstanden und nicht nur auf bestimmte evangelistische Verkündigungsformen beschränkt. Vor allem sei das als Aufgabe der ganzen Kirche in allen ihren Handlungsfeldern erkannt worden.[19] Die Schlussfolgerung:

»Zwar steht die Umsetzung dieser Einsicht in vielen Bereichen noch aus; aber die Bereitschaft, diese Umsetzung in Angriff zu nehmen und zu fördern, ist deutlich gewachsen.«[20]

Das konnte man 2006 noch schreiben. Inzwischen ist auch die EKD in Sachen Mission und Evangelisation deutlich zurückgerudert. Man vergleiche nur einmal die Kundgebungen der EKD-Synoden Leipzig 1999 und Magdeburg 2011, die sich beide zum Thema Mission und Evangelisation äußerten. Gar nicht zu reden von der unglaublichen Handreichung der Rheinischen Kirche *Weggemein-schaft und Zeugnis im Dialog mit Muslimen* aus dem Jahr 2015, die daherkommt, als hätte es die jahrzehntelange missionstheologische Arbeit des Pfarrers und Landeskirchenrates Klaus Teschner im Rheinland nicht gegeben.

»Nach einer eigenen Prognose der EKD ergibt sich, wenn man den Trend zurückliegender Jahre fortschreibt, für den Zeitraum bis 2030 folgende Konsequenz: Die Zahl der Mitglieder der evangelischen Kirche würde dann von 26 Millionen (2003) um ein Drittel auf etwa 17 Millionen (67 Prozent) zurückgehen. [...] Zugleich sinkt die Zahl der Mitglieder im erwerbsfähigen Alter auf etwa 58 Prozent des heutigen Standes – und zwar auch dann, wenn die Dauer des Erwerbslebens auf 68 oder 70 Jahre steigen sollte.«[21]

»Zusammengefasst heißt die Diagnose: Bei sinkender Mitgliederzahl um etwa ein Drittel geht die finanzielle Leistungsfähigkeit nahezu um die Hälfte zurück.«[22]

Es ist unübersehbar, dass der anstehende Rückgang bei Mitgliederzahlen und Finanzen Motiv für die Zukunftsüberlegungen ist. Aber weil gegenwärtig die Kirchensteuern wegen der guten Wirtschaftslage in Deutschland üppig fließen, erscheint die kommende Reduzierung manchem nicht ganz so bedrohlich. Außer Finanzzwängen scheint es in den Kirchen keine Antriebskräfte für Veränderungen zu geben. Ein großer Teil der Kirchensteuereinnahmen wird für den Unterhalt der vielen Gebäude und für die Personalkosten eingesetzt. Man muss also auch über Pfarrergehälter nachdenken, ob sie reduziert werden können.

Ergebnis: »*Jedes ›Weiter so!‹ führt in ein finanzielles Desaster und damit zum Ende jeglicher Handlungsfähigkeit. Darum müssen diese*

Fragen entschieden werden, solange wir noch handeln können – und das heißt möglichst bald.«[23]

Jetzt nähern wir uns dem Tabu: »*Über die Qualität der kirchlichen Arbeit – insbesondere des Pfarrdienstes – ist insgesamt zu wenig bekannt.*«[24] Das Qualitätsniveau soll aber erhöht werden. Mit dem ersten »Leuchtfeuer« wird das erste Ziel für 2030 formuliert:

> »Im Jahre 2030 ist die evangelische Kirche nahe bei den Menschen. Sie bietet Heimat und Identität an für die Glaubenden und ist ein zuverlässiger Lebensbegleiter für alle, die dies wünschen. Ein vergleichbares Anspruchs- und Qualitätsniveau in allen geistlichen und seelsorgerlichen Kernvollzügen zeichnet die Erkennbarkeit und Beheimatungskraft der evangelischen Kirche aus.«[25]

Die Zielangabe bis 2030 wird sogar mit Zahlen konkretisiert. Der durchschnittliche Gottesdienstbesuch solle zum Beispiel von derzeit 4 Prozent auf 10 Prozent aller Kirchenmitglieder erhöht werden.[26]

Was muss inhaltlich geschehen, um die Ziele zu erreichen? Die »Beheimatungskraft« der gottesdienstlichen Angebote solle durch Qualitätsverbesserung gesteigert werden. Dazu müsse man vergleichbare Qualitätsstandards in allen Landeskirchen entwickeln.[27]

Das ist sehr vorsichtig ausgedrückt, um die Pfarrer nicht zu scharf zu kritisieren. Es gibt da nämlich ein Problem:

> »Zu Unrecht herrscht in der Pfarrerschaft eine Scheu davor, Kollegen oder Kolleginnen in ihrer geistlich liturgischen Arbeit offen, fair und nachvollziehbar zu beraten. Dienstaufsicht, die sich gerade in einer solchen Hinsicht mit der Fachaufsicht verbinden muss, wird in diesem Kernbereich

zu selten ausgeübt. Die Praxis der Visitation erreicht solche Fragen in aller Regel nicht. Es legt sich eine verhängnisvolle Unberührbarkeit über die gottesdienstliche Arbeit vieler Pfarrerinnen und Pfarrer. Man kann kollegial leichter über höchst intime Dinge sprechen als über die letzte Predigt. Dadurch entsteht eine Einsamkeit in geistlichen Dingen, die keinen erfüllt und viele belastet. Eine geistlich anspruchsvolle, missionarisch überzeugende, kulturell stilsichere und menschlich zugewandte Qualität aller geistlichen Vollzüge ist aber unerlässlich, um eine überzeugende Beheimatungskraft evangelischer Kernangebote zu erreichen.«[28]

Wo liegt das Problem? Es scheint um das Wie der »geistlichen Vollzüge« – Gottesdienste, Predigten, Taufen, Trauungen, Beerdigungen – zu gehen. Es wird so getan, als ob wir uns in den evangelischen Kirchen über die Inhalte des Evangeliums und der Verkündigung einig wären. Das ist aber überhaupt nicht der Fall. Die Pfarrer scheuen sich, über die Qualität ihrer Predigt miteinander zu reden. Die Qualität betrifft vor allem den Inhalt. Natürlich auch die Form. Aber wichtiger ist der Inhalt.

Ich behaupte, es besteht keine Einigkeit in der Pfarrerschaft über die Grundaussagen des christlichen Glaubens. Wer ist Jesus Christus? Wurde er von der Jungfrau Maria geboren? Hat er den Anspruch erhoben, Messias, Sohn Gottes und Menschensohn-Weltrichter zu sein? Hat er sein Leiden und seine Auferstehung vorausgesagt? Ist er vom Tod auferstanden? War sein Grab leer? Ist der Auferstandene seinen Jüngern tatsächlich begegnet? Diese Fragen gehören zur Christologie, der Lehre über Christus.

Worin besteht das Heil? Was heißt Rettung? Haben Kreuzigung und Auferweckung Jesu versöhnende Wirkung? Diese Fragen gehören zur Soteriologie, der Lehre vom Heil.

Wird Jesus sichtbar wiederkommen, wird er die Toten auferwecken, das Weltgericht halten und den neuen Himmel und die neue Erde schaffen? Gibt es ewiges Leben und ewige Verdammnis? Diese Fragen gehören zur Eschatologie, zur Lehre von der Zukunft der Welt und der Gottesherrschaft.

Ist die Bibel Gottes Wort? Ist sie das Dokument der Offenbarung Gottes und damit Maßstab für Glauben und Leben? Diese Fragen gehören zur Hermeneutik, der Lehre über das Verstehen und Auslegen der Bibel.

Darf man diese Fragen nicht stellen? Sie werden nicht gestellt. Aber wenn sie nicht gestellt werden, sind die Fragen nach den Formen sinnlos. Sie gehen nicht an die Wurzel der Probleme. Wenn die Diagnose nicht die Ursachen der Krankheit aufdeckt, wird die Therapie bestenfalls Symptome kurieren. Dürfen Pfarrer alles und auch das Gegenteil von allem verkündigen – Hauptsache in rhetorischer Qualität und in ansprechendem liturgischem Rahmen?

> Kirchenleiter reden zwar oft und gern davon, dass man im Gespräch bleiben sollte. Aber in den letzten Jahren haben wir beobachten müssen, dass Vorhaben ohne Rücksicht auf Verluste durchgesetzt werden.

Nicht nur ich habe den Eindruck, dass eine inhaltliche Diskussion in den Kirchen nicht gewollt ist. Man könnte die Vermutung haben, das käme durch den Einfluss des Postmodernismus. Der bestreitet, dass die Diskussion über die Wahrheitsfrage überhaupt Sinn ergibt. Jeder hat seine Wahrheit. Hauptsache, jeder ist authentisch. Ich meine, dass es einfach um Macht geht. Kirchenleiter reden zwar oft und gern davon, dass man im Gespräch bleiben sollte. Aber in den letzten Jahren haben wir beobachten müssen, dass Vorhaben – wie die gottesdienstliche Segnung oder Trauung gleichgeschlechtlicher Paare – ohne Rücksicht auf Verluste durchgesetzt werden. Die Mehrheiten in den Synoden erlauben das. Und die Kirchenleitungen haben mögliche Opponenten in den eigenen Gremien längst aussortiert.

Ich will im Folgenden einige grundlegende Schäden der evangelischen Kirchen und ihre Ursachen beschreiben.

Schäden und Ursachen

Bibelkritik – der Krebsschaden der Kirche

Ja, es geht um die Frage: Ist die Bibel Gottes Wort? Die Christenheit war fest überzeugt, dass Gott sich dem Volk Israel und durch Jesus Christus der ganzen Welt offenbart hat und dass die Bibel die Urkunde dieser Offenbarung und darum Gottes Wort ist.

Erst vor Kurzem wurde im Pfarrerdienstgesetz der EKD (§ 3) für alle Mitgliedskirchen verbindlich festgelegt: »*Die Ordinierten sind durch die Ordination verpflichtet, das anvertraute Amt im Gehorsam gegen den dreieinigen Gott in Treue zu führen, das Evangelium von Jesus Christus, wie es in der Heiligen Schrift gegeben und im Bekenntnis ihrer Kirche bezeugt ist, rein zu lehren.*«

Nun kann man aber zweifeln, ob das in den evangelischen Kirchen tatsächlich gilt. In dem Grundlagentext des Rates der EKD *Rechtfertigung und Freiheit – 500 Jahre Reformation 2017* lesen wir:

»Seit dem siebzehnten Jahrhundert werden die biblischen Texte historisch-kritisch erforscht. Deshalb können sie nicht mehr so wie zur Zeit der Reformatoren als ›Wort Gottes‹ verstanden werden. Die Reformatoren waren ja grundsätzlich davon ausgegangen, dass die biblischen Texte wirklich von Gott selbst gegeben waren. Angesichts von unterschiedlichen Versionen eines Textabschnitts oder der Entdeckung verschiedener Textschichten lässt sich diese Vorstellung so nicht mehr halten. Damit aber ergibt sich die Frage, ob, wie und warum sola scriptura auch heute gelten kann.«[29]

Wird die Frage in der Kirche öffentlich besprochen? Wie wird sie beantwortet?

Der Theologieprofessor Klaus-Peter Jörns kritisiert »*die unmündig machende Schriftbindung*«, also die Verpflichtung der Pfarrer auf die Autorität der Bibel: »*Das ist der eigentliche Krebsschaden, an dem die Kirchen leiden.*«[30] Das steht im Widerspruch zu meiner Einschätzung: Der Verlust der Bindung an die Autorität der Bibel ist der Krebsschaden der Kirchen.

Nun kann man sagen, Herr Jörns sei nicht maßgebend. Aber was ist mit Landesbischof Ralf Meister, der die Evangelisch-lutherische Kirche Hannovers leitet? Er hat in einem Vortrag bei der Arbeitsgemeinschaft Missionarische Dienste (AMD) am 20. Mai 2014 über *Die Bibel als Grundlage von Glauben und Theologie* erklärt[31]:

»Die Bibel ist nicht einfach Autorität, weil es konventionell so ist oder weil sie einfach Gottes Wort ›enthält‹. Hier haben die modernen Säkularisierungsprozesse zu einer grundsätzlichen Infragestellung nicht nur der biblischen Autorität geführt. Autorität muss heute notwendigerweise eine sich legitimierende Autorität sein. In diesem Sinne kann die Bibel nur noch dann als Autorität anerkannt werden, wenn sie in der individuellen Lebensführung als hilfreich, sinn- und lebenserschließend erfahren wird.«

Beliebiger und unverbindlicher geht es nicht mehr. Wenn ich die Aussagen der Bibel nicht als hilfreich ansehe, gilt sie nicht. Ich bin der Maßstab? Bin ich Gott?

Weiter Bischof Meister:

»Dazu – so paradox es klingt – muss ich zuerst damit ernst machen, dass die Bibel ein ganz normales Stück Literatur ist. Dass das immer wieder gesagt werden muss, mag überraschen. Aber faktisch wird auf den Kanzeln häufig vergessen, was im exegetischen Proseminar einmal gelernt wurde. Bei so mancher Predigt, die ich höre, bekomme ich den Eindruck, dass das, was jetzt gesagt wird, deshalb relevant ist, weil es in der Bibel steht. Und was in der Bibel steht, beanspruche zeitlose Relevanz.«

Es gibt wohl noch den einen oder anderen Prediger, der sich an sein Ordinationsgelübde erinnert, was den Bischof überrascht. Da möchte ich doch an die grundlegende Bekenntnisschrift der lutherischen Kirchen, das Augsburgische Bekenntnis, erinnern. Das ist die Bekenntnisgrundlage aller evangelischen Kirchen. Auf dieses Bekenntnis werden alle Pfarrer ordiniert. Es wurde nicht widerrufen oder abgeschafft. Diese Schrift wurde auf dem Reichstag zu Augsburg 1530 dem Kaiser von den Evangelischen als Darstellung ihres Glaubens vorgetragen. Der Artikel 28 hat die Überschrift »Von den Bischöfen«. Darin lesen wir, »*man soll auch den Bischöfen, so ordentlich gewählt, nicht folgen, wo sie irren oder etwas wider die heilige göttliche Schrift lehren und ordnen*«. Wir haben heute allen Grund, an diesen Artikel zu erinnern. Warum wird eigentlich gegen einen Bischof, der wie Landesbischof Meister so offensichtlich die Autorität der Bibel infrage stellt, kein Lehrbeanstandungsverfahren eröffnet?

Es ist nicht neu, dass die Autorität der Bibel als Wort Gottes bestritten wird. Ich werde gleich darstellen, wie es dazu kam. Neu ist der Versuch des Rates der EKD, diese Herabwürdigung der Bibel in ihrem Grundlagentext zum Reformationsjubiläum quasi kirchenamtlich zu verkünden.

Das ist das Ergebnis, wenn man Theologie als Wissenschaft betreibt nach dem Grundsatz »als ob es Gott nicht gäbe« (*etsi Deus non daretur*). Nach diesem atheistischen oder agnostischen Maßstab können wir in der Bibel natürlich nur die gesammelten religiösen Erfahrungen von Menschen finden, die dies und das geglaubt haben. Da man ja wissenschaftlich nicht wissen kann, ob es Gott überhaupt gibt, hat man es immer nur mit menschlichen Ansichten und Meinungen zu tun. Die können natürlich keinen Anspruch auf allgemeine Gültigkeit erheben.

Warum die Autorität der Bibel bestritten wird

Seit der philosophischen Aufklärung[32] stellte die menschliche Vernunft die Offenbarung Gottes infrage. Johann Salomo Semler (1725–1791) vertrat den Grundsatz: Die Bibel ist wie jedes andere Buch zu behandeln. Er schrieb: »*Die Wurzel des Übels [in der Theologie] ist die Verwechslung von Schrift und Wort Gottes.*« Aber wie unterscheidet man Wort Gottes und Bibel? Semler meinte: »*Göttliche Wahrheiten empfehlen sich, weil sie gemeinnützig sind, sogleich von selbst.*«

Die Bibel enthält viele Berichte über historische Ereignisse. Um sie zu verstehen, muss sich der Leser mit historischen Zusammenhängen beschäftigen. Die historische Erforschung ist also wichtig, ja notwendig. Was ich kritisiere, ist eine historische Erforschung und Auslegung der Bibel, die durch weltanschauliche Vorurteile bestimmt ist.

Der Theologe und Kulturphilosoph Ernst Troeltsch (1865–1923) veröffentlichte im Jahr 1900 den Aufsatz *Über historische und dogmatische Methode der Theologie*. Darin lesen wir:

»Denn das Mittel, wodurch Kritik überhaupt erst möglich wird, ist die Anwendung der Analogie. Die Analogie des vor unseren Augen Geschehenden und in uns sich Begebenden ist der Schlüssel zur Kritik […]. Die Übereinstimmung mit normalen, gewöhnlichen oder doch mehrfach bezeugten Vorgangsweisen und Zuständen, wie wir sie kennen, ist das Kennzeichen der Wahrscheinlichkeit für die Vorgänge, die die Kritik als wirklich geschehen anerkennen oder übrig lassen kann. […] Diese Allmacht der Analogie schließt aber die prinzipielle Gleichartigkeit alles historischen Geschehens ein. […] Die Bedeutung dieser Analogie für die Erforschung der Geschichte des Christentums ist daher mit der historischen Kritik von selbst gegeben.«[33]

Damit wurde der Rahmen für die Wirklichkeit abgesteckt, in dem das Reden und Handeln Gottes, seine Menschwerdung mit allen Folgewirkungen, die Wunder, die Auferweckung Jesu und das versöhnende Handeln Gottes durch den Kreuzestod Jesu natürlich keinen Raum mehr hatten. Hier geht es eben nicht um Geschehnisse, wie sie auch sonst immer passieren und die wir im Ursache-Wirkungs-Zusammenhang erklären können. Als historisch konnte höchstens gelten, dass Menschen solche religiösen Auffassungen vertreten haben. Was nicht in die Schublade von Analogie und Kausalität passte, durfte also nicht als historisch tatsächlich geschehen gelten. Dass diese Maßstäbe dem alten Weltbild der Newton'schen Physik angehören und mit der modernen Atomphysik ihre absolute Geltung verloren, haben viele bis heute nicht zur Kenntnis genommen. Die historisch-kritische Bibelauslegung verfährt weithin nach den Maßstäben von Ernst Troeltsch, die er auch Postulate nannte.

Der Theologe Rudolf Bultmann schrieb 1941 seine berühmt-berüchtigten Sätze:

»Man kann nicht elektrisches Licht und Radioapparat benutzen, in Krankheitsfällen moderne medizinische und klinische Mittel in Anspruch nehmen und gleichzeitig an die Geister- und Wunderwelt des Neuen Testaments glauben. Und wer meint, es für seine Person tun zu können, muss sich klarmachen, dass er, wenn er das für die Haltung des christlichen Glaubens erklärt, damit die christliche Verkündigung in der Gegenwart unverständlich und unmöglich macht.«[34]

Die Folgen in den evangelischen Kirchen heute

Die historisch-kritische Bibelauslegung beherrscht seit Langem die theologischen Fakultäten an den staatlichen Universitäten. Dort lassen die evangelischen Kirchen ihre Pfarrer ausbilden. Diese Bibelkritik hat auch an anderen Ausbildungsstätten Einfluss gewonnen. Sie hat eine verheerende Wirkung auf die Verkündigung in den Gemeinden. Die Auseinandersetzung darüber wurde seit den 1960er-Jahren heftig geführt. Geändert hat sich an den Fakultäten und in den Kirchen in dieser Sache nichts. Ich habe Wolfram Kopfermann zitiert, der die Entwicklung in dieser Sache in den letzten Jahrzehnten des 20. Jahrhunderts geschildert hat. Gewisse Ermüdungserscheinungen führten dazu, sich dem angeblich Unvermeidlichen zu fügen. »Das ist doch längst durch«, sagte mir ein evangelikaler Theologe, den ich auf das Problem hinweisen wollte. Was heißt das?

Der Rat der Evangelischen Kirche in Deutschland hat aus Anlass des Reformationsgedenkens 2017 kürzlich in dem bereits zitierten »Grundlagentext« die Autorität der Bibel als Wort Gottes infrage gestellt. Hat damit die Bibel ihre Bedeutung als verbindlicher

Maßstab für Glauben und Leben verloren? Ja, jedenfalls für diese Kirchenleiter. Aber ganz so schroff möchte man das auch wieder nicht sagen. Die Bedeutung der Bibel wird jetzt folgendermaßen beschrieben:

»Für viele evangelische Christen ist die regelmäßige Bibellektüre, sei es für sich allein zu Hause, sei es mit anderen, ein wichtiges Element ihres Glaubens. Offenbar ist dies deshalb der Fall, weil Menschen immer wieder bemerken, dass sie durch diese Texte in besonderer Weise angesprochen werden. In ihnen haben sich menschliche Erfahrungen mit Gott so verdichtet, dass andere Menschen sich und ihre Erfahrungen mit Gott darin wiederentdecken können. Bis heute werden Menschen in, mit und unter diesen Texten angesprochen und im Innersten berührt – gerade so, wie dies in der reformatorischen Theologie als Charakteristikum des Wortes Gottes wieder und wieder beschrieben wurde. In diesem Sinne können diese Texte daher auch heute noch als ›Wort Gottes‹ angesehen werden. Das ist kein abstraktes Urteil, sondern eine Beschreibung von Erfahrungen mit diesen Texten: Auch heute spüren Menschen beim Lesen oder Hören dieser Texte – nicht jedes Mal automatisch, aber immer wieder –, dass sie Wahrheit enthalten, Wahrheit über sie selbst, die Welt und Gott, die ihnen zum Leben hilft. Deshalb bilden diese Texte nach wie vor den Kanon der Kirche.«[35]

Die Autorität der Bibel ist damit der höchst subjektiven Erfahrung der Einzelnen ausgeliefert. Eine verbindliche Lehre von der Autorität der Bibel erscheint deshalb nicht möglich – »*kein abstraktes Urteil, sondern eine Beschreibung von Erfahrungen mit diesen Texten*«. Wenn es um konkrete Fragen und Entscheidungen geht, spielen die Worte der Bibel keine bestimmende, schon gar keine verbindliche Rolle. Das hat sich in letzter Zeit besonders klar in der Debatte um die Segnung und Trauung gleichgeschlechtlicher Paare gezeigt.

Gern versucht man heute in den kirchlichen Debatten, Jesus Christus gegen die Bibel auszuspielen. Wir hätten keinen papierenen Papst, heißt es, es ginge darum, wie Luther zu fragen, »Was Christum treibet«. Dazu wird Luthers *Vorrede auf die Episteln S. Jacobi und Judae* von 1522 zitiert: »*Und darin stimmen alle rechtschaffenen heiligen Bücher über eins, dass sie allesamt Christum predigen und treiben. Auch ist das der rechte Prüfstein alle Bücher zu tadeln, wenn man sieht, ob sie Christum treiben oder nicht.*«

Aber welcher Jesus Christus ist gemeint, wenn jeder Bibelkritiker entscheidet, welche Worte von Jesus echt und welche ihm später in den Mund gelegt wurden, welche Berichte der Evangelien von tatsächlich Geschehenem handeln und welche aus dem Glauben der ersten Christen gebildete Legenden sind? Dieser selbst konstruierte Jesus wird dann gegen die konkreten Aussagen der Bibel ausgespielt. Zum Beispiel: Jesus sei für die Nächstenliebe und gegen jede Ausgrenzung gewesen. Deshalb sei auch die evangelische Kirche inklusiv unterwegs. Darum könne man sich über die kritischen Aussagen der Bibel gegen praktizierte Homosexualität hinwegsetzen. So argumentierte zum Beispiel die Kirchenleitung der Evangelischen Kirche von Baden, als sie die Trauung gleichgeschlechtlicher Paare von ihrer Landessynode beschließen ließ.

56

Im Grunde ist »Jesus Christus« damit eine Leerformel geworden, die jeder nach seinen Vorstellungen füllt und benutzt. Wenn also das reformatorische Prinzip »Allein die Bibel« nicht mehr gilt, dann verliert auch das »Allein durch Jesus Christus« seinen Inhalt. Die beiden daraus folgenden reformatorischen Grundsätze »Allein durch die Gnade« und »Allein durch den Glauben« lösen sich dann in Philosophie und Psychologie auf.

Luthers Schriftverständnis

Bevor ich zu der heute gebotenen Alternative komme, möchte ich an Aussagen Luthers erinnern. Mit dem Grundsatz Luthers »Was Christum treibet« und seinen Bemerkungen zum Jakobusbrief wird Luther immer wieder als geistiger Vater der historisch-kritischen Bibelauslegung in Anspruch genommen. Dafür gibt es keine Begründung.

In seinem Schlusswort auf dem Reichstag zu Worms am 18. April 1521 sagte Luther:

»Wenn ich nicht durch Schriftzeugnisse oder einen klaren Grund widerlegt werde – denn allein dem Papst und den Konzilien glaube ich nicht; es steht fest, dass sie häufig geirrt und sich auch selbst widersprochen haben –, so bin ich durch die von mir angeführten Schriftworte überwunden. Und da mein Gewissen in den Worten Gottes gefangen ist, kann und will ich nichts widerrufen, weil es gefährlich und unmöglich ist, etwas gegen das Gewissen zu tun. Gott helfe mir. Amen.«

Die Autorität der Bibel wurde damals durchaus anerkannt, aber nur neben der kirchlichen Tradition. Die Frage war, ob im Streitfall die Bibel oder die kirchliche Tradition entscheidend sei. Luther betonte die Klarheit und Verständlichkeit der Schrift und bestand darauf, dass ihr gegenüber Aussagen der Kirchenväter immer der Vorrang gebühre. Er schließt mit dem berühmten Satz:

»Ich will, dass die Schrift allein Königin sei.«[36]

Heute aber wird die Autorität der Bibel als Wort Gottes grundsätzlich infrage gestellt. Wir erleben aus Anlass des Reformationsjubiläums den Versuch der amtlichen Absetzung der »Königin« Bibel durch die evangelische Kirche. Ist das unvermeidlich? Was ist die Alternative?

Gottes Offenbarung ist die Voraussetzung

Der frühere württembergische Bischof Dr. Gerhard Maier hat schon vor Jahren über das Ende der historisch-kritischen Methode geschrieben und eine angemessene historisch-biblische Methode der Bibelauslegung gefordert und beschrieben. Inzwischen haben er und andere Theologen in einer Reihe von umfangreichen Kommentaren diese Bibelauslegung eindrucksvoll vorgeführt.[37]

Die Absage an die Allmacht des Analogieprinzips ergibt sich, wenn wir an die Offenbarung Gottes in Israel und durch Jesus Christus glauben und bei der Auslegung der Bibel davon ausgehen. Die Aufgabe besteht darin: *»Eine Offenheit zum methodischen Prinzip machen, die darauf bedacht ist, die göttliche Offenbarung an keiner Stelle vorschnell und vorlaut zu beschneiden.«*[38]

Es geht nicht, wie es oft dargestellt wird, um Glaube gegen Vernunft. Vernunft ist eine Gabe Gottes. Wir sollen sie gebrauchen. Vernunft kommt von »vernehmen«. Die Frage ist: Auf wen hört unsere Vernunft? Sie ist nie ohne Voraussetzung. Luther hat sie eine Hure genannt. Sie ist jedem gefällig, der sie bezahlt. Paulus schreibt: *»Wir zerstören damit Gedanken und alles Hohe, das sich erhebt gegen die Erkenntnis Gottes, und nehmen gefangen alles Denken in den Gehorsam gegen Christus«* (2. Korinther 10,5; LUT).

Die Bibel legt sich selber aus

Ein wichtiger Grundsatz der Reformation hieß: Die Bibel legt sich selber aus. Alle Bibeltexte müssen im Zusammenhang gelesen werden. Drei Beispiele:

Erstens: Es ist besonders wichtig, das Verhältnis von Altem und Neuem Testament zu beachten. Jesus ist ohne das Alte Testament nicht zu verstehen. Das Alte Testament läuft auf Jesus zu und muss von Jesus her verstanden werden. Gebote, die Gott nach dem Gericht der Sintflut im Bund mit Noah (vgl. 1. Mose 9) sozusagen als Notordnungen gegen die Eskalation des Bösen einsetzte, werden von Jesus auf den ursprünglichen Willen Gottes zurückgeführt. Er hat in der Bergpredigt gesagt: *»Ihr habt gehört, dass zu den Alten gesagt ist… Ich aber sage euch…«* An die Stelle des Gesetzes der Vergeltung tritt das Gebot der Feindesliebe (vgl. Matthäus 5,38-48). Auch verstärkt Jesus die Unverbrüchlichkeit der Ehe. Er bestätigt, dass die Zuordnung von Mann und Frau zur Gott-Ebenbildlichkeit des Menschen gehört (vgl. Matthäus 5,21ff; 19,4-6; 1. Mose 1,27). Deshalb geht es bei der Ehe nicht nur um eine Lebensform neben anderen, wie evangelische Kirchen neuerdings lehren. Wer vom christlichen Menschenbild spricht, sollte sich auch an der Bibel orientieren.

> Bei der Ehe geht es nicht nur um eine Lebensform neben anderen, wie evangelische Kirchen neuerdings lehren. Wer vom christlichen Menschenbild spricht, sollte sich auch an der Bibel orientieren.

Zweitens: Im Alten Testament gab es Kriege nach Gottes Willen. Nach dem Neuen Testament aber kann niemand sich auf Jesus berufen, wenn er Krieg führt. Jesus verwehrt seinen Jüngern, das Schwert zu gebrauchen, um ihn zu verteidigen (vgl. Matthäus 26,52f). Ob und aus welchem Grund man Kriege führen soll, darüber kann man streiten. Nach dem, was Jesus gesagt hat, darf jedenfalls niemand mehr einen Krieg im Namen Gottes führen. Wir dürfen in dieser Sache nicht das Alte Testament zitieren, als wäre Jesus nicht gekommen.

Drittens: Die Welt von heute ist nicht die Schöpfung, von der es heißt: »*Und Gott sah an alles, was er gemacht hatte, und siehe, es war sehr gut*« (1. Mose 1,33). Die Rebellion des Menschen gegen Gott, der sogenannte Sündenfall (1. Mose 3), beeinträchtigte sie. Der Mensch will sein wie Gott. Er zerstört durch seine Vermessenheit die gute Schöpfung Gottes. Dieser Bruch geht bis in die Natur. Gottes gute Gaben – wie zum Beispiel die Intelligenz und Sexualität – können verkehrt und missbraucht werden. Wer beispielsweise Homosexualität als Schöpfungsvariante bezeichnet, ignoriert diese biblischen Grundaussagen und erklärt sie für ungültig.

Historische Zusammenhänge erforschen

Zum Verständnis der biblischen Texte ist es hilfreich, die historischen Zusammenhänge so gut wie möglich zu kennen. Die Worte von Jesus setzen oft voraus, über die Sitten und Gebräuche seiner Zeit Bescheid zu wissen. Das Studium der Zeitgeschichte des Alten und Neuen Testamentes ist für viele Texte der Bibel sehr erhellend.

> Die Bibel ist das Ergebnis eines Entstehungsprozesses, den wir nicht aufhellen können, den Gott aber gebraucht hat, um sich und sein Wort zu offenbaren.

Nicht sinnvoll ist es allerdings, Vermutungen und Theorien als erwiesene Tatsachen anzusehen und darzustellen. Die Historiker mögen bei ihren Forschungen Hypothesen aufstellen. Das gehört zu ihrem Geschäft. Gewissheit gibt es dabei nicht, weil sie nicht ausschließen können, dass neue Entdeckungen zu neuen Erkenntnissen führen. Die Bibel ist das Ergebnis eines Entstehungsprozesses, den wir nicht aufhellen können, den Gott aber gebraucht hat, um sich und sein Wort zu offenbaren. Das Ergebnis gilt.

Biblische Texte sprechen in bestimmte historische Situationen hinein. Ist damit ihre Bedeutung relativiert? Gott redet zu Menschen und durch Menschen in der Geschichte. Aber sein Wort ist doch bleibend gültig. Jesus sagt: *»Himmel und Erde werden vergehen; aber meine Worte werden nicht vergehen«* (Matthäus 24,35). Das widerspricht der von griechischen Philosophen und von der europäischen Aufklärungsphilosophie vertretenen Anschauung, dass gültige Wahrheiten über der Geschichte schweben müssten. Gotthold Ephraim Lessing (1729–1781) zum Beispiel hat die »zufälligen Geschichtstatsachen« gegen die »notwendigen Vernunftwahrheiten« ausgespielt.

Der Gesamtzusammenhang der Heiligen Schrift lässt erkennen, wenn Aussagen begrenzte Gültigkeit für bestimmte Zeiten und Verhältnisse haben. Paulus schreibt einerseits, dass Frauen in den Gemeinden schweigen sollen (vgl. 1. Timotheus 2,12). Andererseits wird berichtet, dass die vier Töchter des Evangelisten Philippus als Prophetinnen redeten (vgl. Apostelgeschichte 21,9). Paulus war in dieser Gemeinde und nahm offenbar keinen Anstoß daran. Im Buch der Richter (4,4) lesen wir, dass die Prophetin Deborah Israel regierte. Es gibt also in der »Frauenfrage« durchaus unterschiedliche Aussagen in der Bibel.

Homosexuelle Handlungen hingegen werden in der ganzen Bibel einheitlich als Sünde beurteilt (vgl. 3. Mose 18,22; 20,13; Römer 1,26ff; 1. Korinther 6,9f; 1. Timotheus 1,9ff). Deshalb zieht die Argumentation nicht, die sagt: Wenn die Aussagen über Homosexualität heute gelten sollen, dann müssten Frauen auch Kopftücher tragen und im Gottesdienst schweigen.

Es mag in der Auslegung der Bibel im Einzelnen manches strittig bleiben. Unser Wissen ist Stückwerk. Aber die Grundfrage nach der Autorität der Heiligen Schrift muss geklärt sein: Die Bibel ist Gottes Wort, sie ist die Urkunde der Offenbarung Gottes. Eine Kirche, die das nicht mehr bekennt, erledigt sich selber.

Allein die Schrift – Lest die Bibel!

Die Kirche braucht immer wieder eine Erneuerung durch das Wort Gottes. Das galt nicht nur im 16. Jahrhundert. Gegen Ende des 17. Jahrhunderts traten die Väter des frühen Pietismus für das Lesen der Bibel ein. In Frankfurt schrieb Philipp Jakob Spener seine *Pia desideria* (1675). Seine »frommen Wünsche« waren im Interesse der Menschen und der Erneuerung der Kirche sehr ernst gemeint. Er schreibt darin über das Bibellesen:

> »Das ist doch ein Hauptzweck [...] der Reformation gewesen, die Leute zu dem Worte Gottes, das fast unter der Bank versteckt gelegen ist, wiederum zu bringen. [...] Also wird auch eben dieses das vornehmste Mittel sein, das die Kirche bedarf, um in besseren Stand zu kommen, dass der Ekel vor der Schrift, der bei vielen ist oder die Nachlässigkeit, in ihr zu studieren, abgetan und hingegen herzlicher Eifer zu ihr erweckt wird.«[39]

Das gilt auch heute – und zwar in allen Kirchen, Konfessionen, Denominationen und Gemeinden.

Wenn wir die Bibel lesen, werden wir erleben, was die Jünger erlebten: *»Brannte nicht unser Herz in uns, als er mit uns redete auf dem Wege und uns die Schrift öffnete?«* (Lukas 24,32; LUT). Und:

»Da öffnete er ihnen das Verständnis, sodass sie die Schrift verstanden« (Lukas 24,45; LUT). Wir bleiben darauf angewiesen, dass der lebendige Herr durch den Heiligen Geist uns die Schrift öffnet. Wir dürfen auch darauf vertrauen, dass er es tut.

Grundlagen werden demontiert

Dass die Autorität der Bibel als Wort Gottes infrage gestellt wird, ist meiner Überzeugung nach die Hauptursache für die Demontage weiterer theologischer und ethischer Positionen in den Kirchen. Dabei herrscht eine Unklarheit, die – wie ich behaupte – in gewisser Weise gewollt ist.

Der normale Mensch stellt sich die Sache so vor: Wenn die historische Forschung herausfindet, dass die Personen und Ereignisse, über die die Bibel berichtet, gar nicht gelebt oder stattgefunden haben, wird dem christlichen Glauben der Boden unter den Füßen weggezogen. Dann muss man die Konsequenzen ziehen und dem christlichen Glauben absagen. Wenn Jesus nicht vom Tod auferstanden ist, wenn das Grab nicht leer war, wenn die Worte und Taten Jesu von Anhängern erfunden wurden, wenn sein Kreuzestod kein stellvertretender Sühnetod war, dann ist der christliche Glaube eben ein Irrtum. Vielleicht ist er sogar ein großer Betrug. So scharf hat Paulus die möglichen Konsequenzen gesehen und beschrieben:

»Wenn aber Christus gepredigt wird, dass er von den Toten auferweckt ist, wie sagen dann einige unter euch: Es gibt keine Auferstehung der Toten? Gibt es keine Auferstehung der Toten, so ist auch Christus nicht auferweckt worden. Ist aber Christus nicht auferweckt worden, so ist unsre Predigt vergeblich, so ist auch euer Glaube vergeblich. Wir würden dann auch als falsche Zeugen Gottes befunden, weil wir gegen Gott bezeugt hätten, er habe Christus auferweckt, den er nicht auferweckt hätte, wenn doch die Toten nicht auferstehen. Denn wenn die Toten nicht auferstehen, so ist Christus auch nicht auferstanden. Ist Christus aber nicht auferstanden, so ist euer Glaube nichtig, so seid ihr noch in euren Sünden; dann sind auch die, die in Christus entschlafen sind, verloren. Hoffen wir allein in diesem Leben auf Christus, so sind wir die elendesten unter allen Menschen.« (1. Korinther 15,12-19)

Von der tatsächlich geschehenen Auferweckung hängt alles ab: »*Nun aber ist Christus auferweckt von den Toten als Erstling unter denen, die entschlafen sind*« (1. Korinther 15,20).

Diese Logik gilt in den evangelischen Kirchen aber schon lange nicht mehr. Bereits im Jahr 1799 schrieb der Berliner Theologe Friedrich Daniel Ernst Schleiermacher (1768–1834) ein kleines Buch mit dem Titel *Reden über die Religion – An die Gebildeten unter ihren Verächtern*. Darin beschreibt er, wie der Glaube funktionieren soll, wenn die Kritik der Naturwissenschaft und der historischen Forschung die Aussagen der Bibel infrage gestellt hat. Der Glaube habe im Grunde gar nichts mit Tatsachen in Natur und Geschichte zu tun, er sei Gefühl. Von der Religion schreibt er: »*Ihr Wesen ist weder Denken noch Handeln, sondern Anschauung und Gefühl. Anschauen will sie das Universum [...], von seinen Einflüssen will sie sich in kindlicher Passivität ergreifen und erfüllen lassen. [...] Anschauung des Universums [...] ist die allgemeinste und höchste Formel der Religion.*«[40] Egal, was die wissenschaftliche Kritik sagt, das Gefühl ist etwas Innerliches und unabhängig von Fakten.

Schleiermacher ist der Kirchenvater vieler heutiger Theologen. Zwischendurch hat mal die Wort-Gottes-Theologie von Karl

Barth die Offenbarung Gottes in Jesus Christus als einzige und wichtigste Grundlage für Glauben, Kirche und Theologie betont. In dessen Theologie war Religion geradezu ein Schimpfwort. Religion galt als der eigenmächtige Versuch des Menschen, von sich aus Gott zu erkennen und zu ihm zu kommen. Religion war geradezu Ausdruck der Rebellion gegen Gott. Das Evangelium von Jesus Christus ist demnach das Gegenteil von Religion. Gott selbst kommt in die Welt, wird in Jesus Christus Mensch und versöhnt die Welt mit sich selbst. Karl Barth bezeichnete die Jungfrauengeburt Jesu und das leere Grab als notwendige Zeichenhandlungen Gottes.

Zur Zeit der Bekennenden Kirche in der Nazizeit hatte Karl Barth starken Einfluss, auch noch einige Zeit nach dem Zweiten Weltkrieg. Aber inzwischen ist Schleiermacher in vielen Verkleidungen wieder in Mode. Wie wirkt sich das aus?

Im Theologiestudium lernt man, die biblischen Texte historisch-kritisch auseinanderzunehmen. Je nach Lehrer ist auf mehr oder weniger von den biblischen Aussagen historisch Verlass. Man lernt aber zugleich, dass es gar nicht darauf ankomme, ob Jesus tatsächlich von der Jungfrau Maria geboren worden sei, ob er Wunder getan habe, dies oder jenes Wort wirklich gesagt habe, vom Tod leiblich auferstanden sei, sodass sein Grab leer war. In diesen Berichten drücke sich Glaube und Hoffnung der Erzähler aus. Und diese Erzählungen wollten uns sozusagen anstecken oder herausfordern, ähnlich zu glauben und zu hoffen. Was wir glauben und hoffen sollen, bleibt ziemlich unklar, wie es mit Gefühlen eben so ist.

Auf diese Weise lernen Theologen, kritische Demontage der Bibeltexte und erbaulich fromme Deutung miteinander zu verbinden. Sie sehen da gar keinen Widerspruch. Ob Jesus wirklich den Sturm auf dem See Genezareth gestillt hat, sei nicht entscheidend.

Hauptsache, wir glauben, dass er die Stürme unseres Lebens stillen kann. Aber wieso sollte er das können? Eigentlich ist er ja mausetot. Aber irgendwie lebt er auch weiter – in den guten Absichten, Worten, Taten und Gefühlen der Christen heute.

Viele Zeitgenossen finden das gut. Man hat ein gewisses Bedürfnis nach religiösen Gefühlen. Spiritualität nennt man das gern. Man stellt weiter keine Fragen, weil man sich die Antworten entweder schon selber gegeben hat oder gar nicht wissen will. Diese Art von Glauben als Gefühl haben die scharfen Religionskritiker des 19. und 20. Jahrhunderts als Illusion gebrandmarkt und bekämpft: Ludwig Feuerbach, Karl Marx, aber auch Sigmund Freud. Recht hatten sie.

Wenden wir uns einzelnen inhaltlichen Problemen zu.

Das Evangelium von Jesus Christus im interreligiösen Dialog

Im Grundlagentext der EKD zum Reformationsjubiläum *Rechtfertigung und Freiheit* heißt es zum interreligiösen Dialog:

>»Die Herausforderung besteht darin, von Christus zu sprechen, aber so, dass dabei nicht der Glaube des anderen abgewertet oder für unwahr erklärt wird. So wie für den Christen das Gehören zu Christus der einzige Trost im Leben und im Sterben ist, so ja auch für den Anhänger der anderen Religion sein spezifischer Glaube. Dies darf auf beiden Seiten des Gespräches anerkannt werden.«[41]

Die Logik dieses Abschnitts ist überwältigend. Sie kehrt in vielen Stellungnahmen kirchenleitender Personen wieder. Natürlich bekennen wir, dass Jesus der Weg, die Wahrheit und das Leben ist – für mich persönlich ist das wahr und auch noch für einige andere, die das genauso sehen. Aber man muss das so sagen, »*dass dabei nicht der Glaube des anderen abgewertet oder für unwahr erklärt wird*«. Wie soll das auf die Dauer gehen?

Im Koran, Sura 4,157f, lesen wir:

»Und [weil sie] sagten: ›Wir haben Christus Jesus, den Sohn der Maria und Gesandten Gottes getötet‹. – Aber sie haben ihn [in Wirklichkeit] nicht getötet und auch nicht gekreuzigt. Vielmehr erschien ihnen [ein anderer] ähnlich [sodass sie ihn mit Jesus verwechselten und töteten]. Und diejenigen, die über ihn uneins sind, sind im Zweifel über ihn. Sie haben kein Wissen über ihn, gehen vielmehr Vermutungen nach. Und sie haben ihn nicht mit Gewissheit getötet. Nein, Gott hat ihn zu sich [in den Himmel] erhoben. Gott ist mächtig und weise.«[42]

Der Koran leugnet, dass Jesus gekreuzigt wurde. Die Begründung ist theologisch: Gott ist allmächtig und weise. Die Allmacht und Weisheit Gottes wäre widerlegt, wenn er die Tötung seines Propheten zulassen würde. Demgegenüber ist das Sterben Jesu am Kreuz nach der Bibel die Offenbarung und der Beweis der Liebe Gottes: »*So sehr hat Gott die Welt geliebt*«*!* (Johannes 3,16). Kann beides wahr sein? Kann man beides nebeneinander stehen lassen?

Man kommt nicht umhin, sich an den von Salcia Landmann überlieferten jüdischen Witz zu erinnern: Ein Jude kommt zum Rabbi und führt Klage gegen seinen betrügerischen Lieferanten.

Der Rabbi hört aufmerksam zu und erklärt dann: »Du hast recht.«
Bald danach kommt der beschuldigte Lieferant und klagt seinerseits über den Ankläger. Der Rabbi hört wieder aufmerksam zu und
sagt: »Du hast recht.« Die Frau des Rabbiners hat beide Entscheide
mit angehört, und als der Lieferant weggegangen ist, sagt sie vor-
wurfsvoll zu ihrem Mann: »Es können doch niemals beide recht
haben!« Darauf der Rabbi: »Da hast du auch recht.«

Ob so der interreligiöse Dialog funktioniert? Es wird wohl als
bösartige Verleumdung angesehen, wenn ich sage: Die Evangelische Kirche in Deutschland lässt aus An-
lass des anstehenden Reformationsjubiläums verlauten, dass sie das Alleinstel-
lungsmerkmal des christlichen Glaubens
nicht mehr vertreten will. Die Apostel haben vor Gericht in Jerusalem über Jesus
gesagt: »*Und in keinem andern ist das Heil,
auch ist kein andrer Name unter dem Himmel den Menschen gegeben, durch den wir sollen gerettet werden*« (Apostelgeschichte 4,12).

Ich möchte die Problematik an einer Auseinandersetzung aus dem
Jahr 2016 verdeutlichen.

Der Bischof der Evangelischen Kirche von Kurhessen-Waldeck,
Prof. Dr. Martin Hein, legte auf einer Synode seiner Kirche (24.–
26. 11. 2016) dar, dass nach seiner Meinung Judentum, Christentum
und Islam die Vorstellung von der Barmherzigkeit Gottes sehr weitgehend gemeinsam haben. Er fragte dann, ob auch das gemeinsame
Gebet möglich sei.

»Daher ist die Frage nach der Möglichkeit eines gemeinsamen
Gebets als gemeinsamer Praxis eben auch die Frage nach dem

gemeinsamen Gott. Beten wir zu demselben Gott? Glauben wir an denselben Gott? Meine Überlegungen zur Barmherzigkeit als einer Eigenschaft bzw. als einer Handlungsweise Gottes lassen eigentlich keine andere Antwort zu als ein klares Ja: Wir beten zu demselben Gott. Aber wir tun es auf verschiedene Weise.«[43]

Die Kasseler Tageszeitung *Hessische Niedersächsische Allgemeine* (HNA) präsentierte am 24. November 2016 in großer Aufmachung ein Interview mit dem Bischof mit der eindeutigen Botschaft: Juden, Christen und Muslime beten zu demselben Gott. Das löste natürlich Reaktionen aus. Ich habe auf der Internetseite des »Netzwerks Bibel und Bekenntnis« eine Stellungnahme geschrieben. Ihr Titel lautete *Hier irrt der Bischof: Beten nicht zu demselben Gott*.

Die Tageszeitung hatte ein wörtlich wiedergegebenes Interview veröffentlicht. Ich musste also nicht annehmen, dass die Meinung des Bischofs verzerrt wiedergegeben wurde. Zur Sicherheit schaute ich nach, was auf der Internetseite der Landeskirche über die Aussagen des Bischofs stand. Auch da die klare Aussage: »*Meine Überlegungen zur Barmherzigkeit als einer Eigenschaft bzw. als einer Handlungsweise Gottes lassen eigentlich keine andere Antwort zu als ein klares Ja: Wir beten zu demselben Gott. Aber wir tun es auf verschiedene Weise.*«[44]

Der Bischof musste wissen, dass viele Gemeindeglieder seine Meinung nicht teilten. Wahrscheinlich war auch bei einigen Synodalen seiner Kirche der Blutdruck gestiegen, als er ihnen auf der Landessynode seine Ansicht vortrug. Aber bei diesem und anderen heiß umstrittenen Themen wie der kirchlichen Segnung gleichgeschlechtlicher Paare halten etliche Kirchenleiter Rücksichtnahme auf einen großen Teil der Gemeindeglieder offensichtlich nicht für angebracht. Mit starker medialer Unterstützung können sie für ihre Ansichten rechnen. Und die nutzen sie.

Ich möchte durchaus gute Absichten unterstellen. Es geht um den gesellschaftlichen Frieden. Bischof Hein hatte in dem Zeitungsinterview gesagt:

> »Wenn wir uns vom Terror lähmen lassen, dann haben die Terroristen ihr Ziel erreicht. Sicher macht es die angespannte Situation voller Gewalt nicht leichter, dass sich die drei monotheistischen Religionen aufeinander zu bewegen. Aber gerade deshalb ist es wichtig, dass die besonnenen Kräfte des Islam, aber auch des Judentums und des Christentums einen kühlen Kopf bewahren und fragen: Was verbindet uns? Es ist unsere Aufgabe, gemeinsam für Frieden und Versöhnung einzutreten.«

Das entspricht den Grundüberzeugungen des von Prof. Hans Küng inspirierten Projektes Weltethos:

- »kein Zusammenleben auf unserem Globus ohne ein globales Ethos
- kein Frieden unter den Nationen ohne Frieden unter den Religionen
- kein Frieden unter den Religionen ohne Dialog zwischen den Religionen«[45]

Selbstverständlich ist es unsere Aufgabe, uns um ein friedliches Zusammenleben zu mühen. Keine Frage, dass dazu auch ein Dialog der Religionen gehört. Befremdlich fand ich, dass der Bischof Judentum und Islam gleich behandelte. Selbstverständlich beten Christen und Juden zu demselben Gott, nämlich dem

Gott Abrahams, Isaaks und Jakobs. Allerdings ist für viele Juden nicht akzeptabel, dass Christen Jesus als Messias und Sohn Gottes anbeten. Die Juden Petrus, Johannes und Paulus haben das mit vielen anderen Juden und dann auch Nichtjuden getan. Wir tun es auch heute – in Gemeinschaft mit den messianischen Juden, also der wachsenden Zahl von Juden, die Jesus als dem Messias nachfolgen.

Aber den Gott Abrahams, Isaaks und Jakobs, den Vater des Messias Jesus mit dem Gott, wie er im Koran gelehrt wird, zu identifizieren, ist biblisch-theologisch nicht zu rechtfertigen. Die Redakteurin fragte den Bischof: *»Sie gehen bei der Suche nach Gemeinsamkeit sehr weit und sagen, dass wir alle denselben Gott anbeten. Wie ist das gemeint?«*

Bischof Hein antwortete:

»Das zentrale verbindende Element zwischen den drei Religionen habe ich im Verständnis der Barmherzigkeit Gottes gefunden. Diese Vorstellung teilen Christen, Juden und Muslime. Aber unsere Erfahrungen Gottes sind unterschiedlich. Ein häufiger Vorwurf der Muslime lautet, wir Christen würden drei Götter anbeten. Da erwarte ich, dass sie sich mit dem Verständnis der Dreieinigkeit auseinandersetzen. Uns begegnet Gott in Jesus Christus. Solche Unterschiede bedeuten aber nicht, dass jede Religion im Himmel ihren eigenen Gott hat.«

Aber begegnet Gott nur uns in Jesus Christus? Ist Gott in Jesus nicht für alle Menschen gekommen? War nicht Gott in Christus und versöhnte die Welt mit sich selbst (vgl. 2. Korinther 5,19)? Der Bischof meinte wohl, man dürfe das nicht als Tatsache hinstellen, sondern nur als die christliche Vorstellung.

Er scheint auch ein merkwürdig abstraktes Verständnis von Barmherzigkeit Gottes zu haben. Die Bibel, Altes und Neues Testament, dokumentiert, dass Gott seine Barmherzigkeit in seinen Taten für Israel und in Leben, Sterben und Auferweckung von Jesus der ganzen Welt offenbart: *»So sehr hat Gott die Welt geliebt!«* (Johannes 3,16). Zentrum dieses Geschehens sind Kreuzigung und Auferweckung von Jesus.

Aber genau diese Kreuzigung Jesu leugnet der Koran, wie wir gelesen haben (vgl. Sura 4,157f). Und wer Jesus als Sohn Gottes anbetet, begeht nach islamischer Lehre eine Sünde, die nicht vergeben werden kann (im Islam »Shirk« genannt).

Bischof Hein wurde gefragt: *»Was folgt daraus für das Verhältnis der Religionen?«* Er antwortete: *»Es führt zu Toleranz, ohne die Berechtigung der einzelnen Religionen zu relativieren. Ich bin mit Begeisterung Christ und werde es auch bleiben. Aber durch den gemeinsamen Glauben an einen barmherzigen Gott können wir uns trotz aller Unterschiedlichkeiten näherkommen.«*

Es gibt nach Meinung des Bischofs offenbar nur verschiedene Vorstellungen von Gott in den Religionen, wobei die Frage dann wohl offenbleiben muss, wer Gott wirklich ist. Die Aussagen der Bibel über Gott sind nach dieser Auffassung nur menschliche religiöse Vorstellungen, »Glaubenszeugnisse« heißt das im Theologenjargon. Die Bibel ist nicht Urkunde der Offenbarung Gottes. Die kritische Relativierung der Bibel führt dazu, dass aus dem klaren Bekenntnis zum lebendigen Gott menschliche Gottesvorstellungen werden, über die wir dann mit den Vertretern anderer religiöser Vorstellungen verhandeln können.

> Die kritische Relativierung der Bibel führt dazu, dass aus dem klaren Bekenntnis zum lebendigen Gott menschliche Gottesvorstellungen werden, über die wir dann mit den Vertretern anderer religiöser Vorstellungen verhandeln können.

Bischof Hein geht es vermutlich gar nicht um die Beantwortung der Wahrheitsfrage, sondern um friedensstiftende, praktische Integrationsschritte zum Beispiel in den Schulen. Er empfiehlt gegenseitige Einladungen in den Gottesdienst und zum Freitagsgebet, nach dessen Ende der Gast seinerseits ein Gebet sprechen könne. Ein nächster Schritt sei die multireligiöse Feier, die von allen Teilnehmern gemeinsam gestaltet werde. Als Drittes stelle sich die Frage nach dem gemeinsamen Gebet. Man müsse versuchen, Formen des Gebetes zu finden, in denen alle sich wiederfänden, ohne dass sie ihre eigenen religiösen Anliegen aufgeben müssten.

Bischof Hein hat spontan in einer E-Mail (28. 11. 2016) an mich darauf reagiert und meine Kritik als unbegründet zurückgewiesen. Da er die E-Mail in Kopie auch an eine Nachrichtenagentur geschickt hat, ist es mir wohl erlaubt, daraus einen Absatz zu zitieren:

»Apropos Bekenntnis: Ich bitte Sie, mir zu widerlegen, dass in Artikel 1 (Von Gott) der Augsburger Konfession, also dem evangelischen Grundbekenntnis, u. a. die Muslime (›Mahometistae‹) als ›Irrlehrer‹ (›haereses‹) verworfen werden. Lieber Herr Pfarrer Parzany, die Pointe liegt in CA 1 doch darin, dass die Muslime hier gerade nicht als ›Heiden‹, sondern als christliche ›Häretiker‹ bezeichnet werden: also nicht als solche, die an andere Götter, sondern an denselben (!) Gott – allerdings in irriger Weise – glauben! Dass es derselbe Gott ist, stand für die Reformatoren außer Frage. Die Irrlehre bestand für sie im Blick auf den Islam darin, dass der eben einen strengen Monotheismus lehre und die Trinität leugne! Also: Die Frage nach der Ontologie [die Lehre vom Sein; UP] der Person Gottes ist eben doch schwieriger zu bedenken, als es Ihnen scheint.«

Den Hinweis auf das Augsburgische Bekenntnis finde ich sehr bedenkenswert. Ich antwortete speziell darauf:

>»Ich stimme Ihnen zu, dass in CA 1 Muslime als Irrlehrer eingestuft werden. Damit ist gesagt, dass der Islam nicht einfach als eine andere Religion für sich entstanden ist wie etwa der Buddhismus oder animistische Religionen, sondern dass er eine eindeutig ablehnende Antwort auf das biblische Evangelium ist. Teile der biblischen Botschaft werden formal aufgenommen, aber das Herzstück des Evangeliums – die Menschwerdung Gottes in Jesus und die Erlösung durch den Kreuzestod Jesu – wird schroff abgelehnt. Ihre Schlussfolgerung – ›Dass es derselbe Gott ist, stand für die Reformatoren außer Frage.‹ – halte ich für eine nicht belegte Behauptung. Der Monotheismus ist so formal, dass er nicht wirklich als gemeinsame Grundlage dienen kann.«

Ein befreundeter Theologieprofessor hat neulich in einem Gespräch über diese Frage einen etwas drastischen Vergleich benutzt: Drei Männer sind gemeinsam von der Gültigkeit der Monogamie überzeugt. Heißt das, dass sie mit derselben Frau verheiratet sind?

Natürlich weiß ich, dass in der arabischen Sprache »Allah« kein Name ist, sondern den einen Gott bezeichnet. Auch die arabischen Christen gebrauchen diesen Ausdruck, wenn sie von Gott reden. Was bedeutet das? Es bedeutet, dass die Formulierung »Gott« noch nichts darüber aussagt, ob er ist und wer er ist. Biblisch beurteilt sind andere Gottesvorstellungen Bilder und Götzen im Sinne von selbst gemachten Einbildungen, im Sinne von Geschöpfen, die als Gott verehrt werden (vgl. Römer 1,22f), oder im Sinne von dämonischen Mächten.

Pfarrer Eberhard Troeger, einer der führenden evangelischen Islamexperten in Deutschland, hat auf die These von Prof. Hein folgende Entgegnung geschrieben[46]:

»Der Koran betont, dass der Verkündiger des Islams weder Jude noch Christ, sondern arabischer ›Heide‹ war. Wissenschaftlich gesehen, nahm er zu Beginn seines Wirkens jüdisches und christliches Gedankengut (in nachbiblischer Verfremdung) auf und integrierte schließlich auch das arabische Heidentum in seine religiöse Lehre. In deren Zentrum stehen Allah als der eine Gott und Mohammed als der endgültige Offenbarer des Willens Allahs. Es ist deshalb nicht möglich, im Islam eine ›christliche Häresie‹ zu sehen. Das vertraten Johannes von Damaskus (um 676–754) und nach ihm manche mittelalterlichen Theologen. In der Reformationszeit verwarf das Augsburgische Bekenntnis in Artikel 1 zwar den Islam gemeinsam mit anderen ›Ketzereien‹, aber im Zusammenhang des Textes geht es den Verfassern dabei um alle Leugner der Dreifaltigkeit Gottes. Es führt zu weit, daraus zu folgern, dass sie im Islam eine ›christliche Häresie‹ sahen und folglich Christen und Moslems ›denselben‹ Gott anbeten.

Gewiss wollen Moslems ›den einen Gott‹ verehren. Mit dieser formalen Feststellung ist aber die Frage nicht beantwortet, wer der eine Gott ist. Sie wird auch nicht dadurch geklärt, dass man Berührungspunkte in den unterschiedlichen Vorstellungen von Gott findet. Die entscheidende Frage heißt, wo und wie Gott sich selbst bekannt gemacht hat. Da Gott sich in der Geschichte Israels und abschließend in Jesus Christus offenbart hat, verehren Moslems – aus biblischer Sicht – eine menschliche Idee von Gott bzw. einen Nicht-Gott. Hier geht es um die letzte göttliche Wahrheit, und hier hört alles Harmonisieren menschlicher Gottesvorstellungen auf.«

Fazit: Natürlich müssen wir uns bemühen, friedlich in unserem Land zusammenzuleben. Die Idee, dass man dazu einen gemeinsamen Nenner der Religionen finden müsste, ist einerseits verständlich, andererseits völlig vergeblich. Auf dieses Unternehmen werden sich von allen Seiten nur die einlassen, die bereit sind, beim eigenen Glauben Abstriche zu machen. Wir müssen aber ein friedliches Zusammenleben derer ermöglichen, die mit Überzeugung zu ihrem Glauben stehen. Wir begegnen einander nur dann mit Respekt, wenn wir die Lehre der anderen ernst nehmen. Was die Muslime angeht, scheinen sie nach meiner Erfahrung besonders vor den Christen Respekt zu haben, die ihren eigenen Glauben ernst nehmen und mit Konsequenz leben. Der Versuch, sich dadurch anzubiedern, dass man den eigenen Glauben nicht ganz so ernst nimmt, wird von muslimischer Seite eher mit Verachtung beantwortet.

Zu einer pluralistischen, demokratischen Gesellschaft gehört die Grundüberzeugung, dass die Würde des Menschen unantastbar ist. Damit ist die Würde jedes einzelnen Menschen gemeint. Die Demokratie musste sich gegen die nationalistische Ideologie durchsetzen, für die das Volk alles, der Einzelne nichts war. Genauso aber auch gegen die kommunistische Ideologie, für die die Partei wichtiger war als der Einzelne. Weil der Islam die Gemeinschaft der Gläubigen, die *umma*, dem einzelnen Gläubigen vorordnet und dieses Verständnis auch auf den islamischen Staat überträgt, hat er ein grundsätzliches Problem mit der demokratischen Gesellschaft. Das muss politisch gelöst werden, wenn es gelöst werden soll.

> Wir begegnen einander nur dann mit Respekt, wenn wir die Lehre der anderen ernst nehmen.

Nach dem Evangelium hat der einzelne Mensch vor Gott eine unantastbare Würde. Die Entscheidung des Einzelnen für Jesus kann sogar gegen die Familie getroffen werden. Jesus sagt: »Wer Vater oder Mutter mehr liebt als mich, der ist meiner nicht wert; und wer Sohn oder Tochter mehr liebt als mich, der ist meiner nicht wert« (Matthäus 10,37). Der Einzelne darf also nicht dem Kollektiv geopfert werden. Aber der Einzelne soll auch nicht individualistisch isoliert werden. Er ist durch Jesus mit allen anderen Nachfolgern Jesu so stark verbunden, dass die Bibel die Kirche den Leib des Jesus Christus nennt.

Wir sind als Beziehungswesen geschaffen. Durch die Versöhnung mit Gott werden der Wert des Einzelnen und zugleich die Gemeinschaft mit anderen Menschen gestärkt. Mit diesem Verständnis von Individualität und Gemeinschaft können Christen sich gut in eine demokratische Gesellschaft einbringen. Die Grundwerte der demokratischen Gesellschaft sind sogar aus dem Evangelium gewachsen.

In den Diskussionen über den interreligiösen Dialog kommt mehr und mehr zum Vorschein, dass es kirchenleitenden Personen vor allem darum zu gehen scheint, das Christentum als Zivilreligion zu platzieren. Platt gesagt: religiöser Kitt für die zerfallende Gesellschaft. Nur nicht polarisieren und spalten!

Was ist eine Zivilreligion? Diese Frage beantwortet Prof. Nobert Bolz, Leiter des Fachgebietes Medienwissenschaft an der Technischen Universität Berlin, so:

»So nennt man die Schwundstufe eines Christentums, das nicht mehr in seinem Wahrheitsanspruch, sondern nur noch wegen seiner ethisch und politisch stabilisierenden Funktion ernst genommen wird. [...] Man könnte die ›Grundwerte‹ als das Dogma der Zivilreligion bezeichnen. [...] Es geht in der Zivilreligion also um das Glaubensminimum, das wir zur Geltung bringen müssen, damit die moderne Gesellschaft funktioniert. [...] Als Zivilreligion hat der Protestantismus die großen Themen wie Kreuz, Erlösung und Gnade aufgegeben und durch einen diffusen Humanismus ersetzt.«[47]

Prof. Dr. Rolf Hille hat sich in einem Artikel mit den Thesen von Bischof Hein auseinandergesetzt und schreibt:

»Das Feindbild aller Religionen sieht der Bischof im Fundamentalismus, der exklusiv den eigenen Wahrheitsanspruch gegen andere Religionen behauptet. Das würde nämlich zu einem Missionsverständnis führen, das auf Religionswechsel abhebt. Damit liegt der Bischof ganz im Horizont der zivilgesellschaftlichen Erwartungen. Heins Zielsetzung für die christlichen Kirchen nähert sich damit entschieden dem Projekt einer Zivilreligion an, bei der im Hintergrund durchaus unterschiedliche Wahrheitsansprüche stehen können. Die sind aber nicht so bestimmend, dass sich das gemeinsame Gebet und interreligiöse Gottesdienste verbieten würden.«[48]

Ich habe behauptet, dass in den evangelischen Kirchen Grundlagen des Glaubens demontiert werden. Im interreligiösen Dialog besteht leider die Neigung, die Gegensätze im Glauben an Gott zu relativieren. Jetzt kommen wir zu einem radikaleren Versuch, den christlichen Glauben wirklich zu entkernen.

Die Kontroverse um den stellvertretenden Sühnetod Jesu

Die Offenbarung Gottes in Jesus Christus ist direkt mit der Frage verbunden, welche Bedeutung sein Tod am Kreuz hat. Dabei müssen wir immer im Blick halten, dass Person, Leben, Sterben und Auferstehung von Jesus nicht aufgeteilt werden dürfen. Er ist eins mit dem Vater in Ewigkeit und durch ihn wird alles geschaffen (vgl. Johannes 1,1-3; 1. Korinther 8,6; Kolosser 1,15ff; Hebräer 1,1-3); er wird durch den Heiligen Geist empfangen und geboren von der Jungfrau Maria (vgl. Matthäus 1–2; Lukas 1–2), er nimmt schon in der Taufe durch Johannes stellvertretend unser Leben als Sünder ein (vgl. Markus 1,9-11), er lehrt und heilt, er kündet seinen Tod und seine Auferstehung an. Durch seinen Kreuzestod erlöst er uns aus der Knechtschaft Satans und der Sünde (vgl. Markus 10,45).

Gott bestätigt das Leben, Reden, Handeln und Sterben von Jesus durch die Auferweckung (vgl. 1. Korinther 15,1-20). Er wird erhöht zur Rechten Gottes und wird wiederkommen zur Auferweckung der Toten, zum Weltgericht und zur Erschaffung des neuen Himmels und der neuen Erde. In der zukünftigen Herrlichkeit ist Jesus eins mit dem Vater als die Sonne der neuen Welt. Selbst da heißt es: »*und ihre Leuchte ist das Lamm*« (Offenbarung 21,23). Das Lamm ist der Gekreuzigte. Sogar in der Herrlichkeit wird die Kreuzigung nicht als peinliche Schwäche vergessen gemacht, sondern als Beweis der erlösenden Liebe Gottes erkennbar sein. Der stellvertretende Sühnetod Jesu steht also im Zentrum der Rettungsgeschichte Gottes mit der Welt. Und genau das wird heute infrage gestellt.

Ich präsentiere im Folgenden eine Position, die in Pfarrerkreisen viel Sympathie gefunden hat, weil sie auch die Praxis des Gottesdienstes und der Abendmahlfeiern beeinflusst. In dem kirchlichen

Magazin *chrismon*, das einigen großen Zeitungen kostenlos bei-
gelegt und von der EKD jährlich mit vier Millionen Euro aus Kirchensteuern finanziert wird, erschien in der Rubrik »Plädoyer« ein
Beitrag des emeritierten Praktischen Theologen Prof. Klaus-Peter
Jörns mit dem Titel *Jesus hat für uns gelebt. Er ist nicht für uns
gestorben*[49]. Er schreibt, vor allem Paulus, der Hebräerbrief und
daran anschließend die kirchliche Kreuzestheologie hätten Jesu
Hinrichtung als blutiges Heilsdrama verstanden und in Anlehnung
an antike Religionen mythologisch als Sühneopfer gedeutet. Jörns
kritisiert, dass dieses Verständnis bis heute zum Beispiel in den
Passionsliedern Paul Gerhardts im Gottesdienst nachwirke.

Dann Jörns wörtlich:

»Hinter dieser Frömmigkeit wird ein Gott sichtbar, der seine
Gebote und Verbote durchgesetzt haben will. Menschlicher
Ungehorsam darf nicht ungesühnt bleiben, Strafe muss sein:
Todesstrafe und dazu seelische Höllenqualen. Ein Gott, der
gerecht ist, indem er unerbittlich Gehorsam fordert, insze-
niert ein Heilsdrama. Das Äußerste, was er seinen menschlichen Geschöpfen geben kann, ist Gnade. […]

Dieser Gott ist ein armer Gott, ein Gefangener seiner
eigenen Gehorsamsforderungen, der Jesu Evangelium irgend-
wann im Recht- und Allmacht-Haben verloren hat. Ihn haben
die Kirchen in ihrer Drohbotschaft benutzt, die immer lieblo-
ser wurde, je mehr Macht die Kirchen bekamen. Dieser Gott
ist ein durch Gewalt korrumpierter Gott. Sein eigenes Paktie-
ren mit Gewalt legitimiert bis heute auch andere, angeblich
›heilige Gewalt‹. […]

Wer Jesus diese Gottesliebe glaubt, dem bleiben die alten
Kreuzes- und Abendmahlslieder beim Singen im Halse stecken. Sehr viele Pfarrerinnen und Pfarrer empfinden es als

Qual, aus den für die Passionszeit vorgesehenen Liedern und biblischen Lesungen etwas für die Gottesdienste auszuwählen. Sie wollen keine Sühneopfertheorie mehr reproduzieren, die auf den Kopf stellt, was sie von Jesus und seiner Verkündigung wissen. Sie verstehen zwar, dass Paulus und andere Apostel den erniedrigenden Tod Jesu nicht aushalten konnten und dass sie versucht haben, diesen Tod mit dem damals geläufigen jüdisch-hellenistischen Gedanken vom blutigen Opfer einen positiven Sinn zu geben. Aber solch eine Deutung ist zeitbedingt, ein glaubensgeschichtliches Dokument, kein für immer gültiges Glaubensgesetz.

Es ist Zeit, den christlichen Glauben auf Jesus und den unbedingt liebenden Gott zu gründen und uns von den antiken Gottesbildern zu lösen. Das geht aber nur, wenn sich unser Abendmahl vom Sühnopfer löst und stattdessen Gott für die Fülle der Lebensgaben dankt, die wir von ihm erhalten.«

Hier geht es um den Kern des Evangeliums von Jesus Christus. Wohl gemerkt, dieser Beitrag wurde von keinem Leitenden in der Kirche kritisiert. Nein, er wurde in der größten Publikation der Evangelischen Kirche, die von prominenten Kirchenführern herausgegeben wird, präsentiert.

Setzen wir dagegen den für die Reformation so entscheidenden Text aus dem Römerbrief. Da findet sich die von Prof. Jörns als unerträglich und überholt beurteilte Theologie:

»Denn es ist hier kein Unterschied: Sie sind allesamt Sünder und ermangeln des Ruhmes, den sie vor Gott haben sollen, und werden ohne Verdienst gerecht aus seiner Gnade durch die Erlösung, die durch Christus Jesus geschehen ist. Den hat Gott für den Glauben hingestellt zur Sühne in seinem Blut zum Erweis seiner Gerechtigkeit, indem er die Sünden vergibt, die früher begangen wurden in der Zeit der Geduld Gottes, um nun, in dieser Zeit, seine Gerechtigkeit zu erweisen, auf dass er allein gerecht sei und gerecht mache den, der da ist aus dem Glauben an Jesus.« (Römer 3,22-26)

Schauen wir genau hin. Wo liegt das Problem? Wir sind alle Sünder. Das klingt für viele eher wie eine verharmlosende Entschuldigung. Fehler haben wir alle. Nicht so schlimm. Gott wird es schon nicht so genau nehmen. *Pardonner c'est son metier* – Vergeben ist Gottes Job. Einfach so. Da ist kein Kreuz nötig, oder?

Es gibt zwei Übersetzungsmöglichkeiten für den *Satzteil »ermangeln des Ruhmes, den sie vor Gott haben sollen«*. Erstens: Wir haben Mangel an Anerkennung von Gott. Wir alle suchen Anerkennung. Wir können einfach ohne ein Mindestmaß an Anerkennung nicht leben. Aber von wem erwarten und bekommen wir sie?

Ob wir an Gott glauben können oder nicht, hängt auch davon ab, von wem wir die lebensnotwendige Anerkennung erwarten, wie Jesus deutlich gemacht hat: »*Wie könnt ihr glauben, die ihr Ehre voneinander annehmt, und die Ehre, die von dem alleinigen Gott ist, sucht ihr nicht?*« (Johannes 5,44). Wir suchen die Anerkennung bei Gott nicht, weil wir meinen, wir hätten sie nicht nötig. Auch darin drückt sich unsere Sünde aus. Die Anerkennung durch Menschen ist uns wichtiger. Tatsächlich aber hängt unser Leben davon ab, ob der Schöpfer und Richter der Welt uns Anerkennung schenkt.

Die andere Übersetzungsmöglichkeit ist: Wir haben Mangel an Herrlichkeit Gottes. Herrlichkeit Gottes bezeichnet die Wirklichkeit des geoffenbarten Gottes. Hebräisch *kabod Jahwe* ist der

»Lichtglanz« oder die »Schwere Gottes«. Wir sind zum Ebenbild, zum Spiegelbild Gottes geschaffen als Mann und Frau (vgl. 1. Mose 1,27). Wir sollten die Herrlichkeit Gottes widerspiegeln. Aber wir wollen selber wie Gott sein. Paulus beschreibt das Elend des Menschen in Römer 1,18-32. Das ist unser tödliches Defizit: Mangel an Herrlichkeit Gottes. Wir sind zu Spiegelbildern Gottes geschaffen, aber wir verehren das Geschöpf anstatt den Schöpfer. Der autonome, selbstbestimmte Mensch ist unser Gott.

In den brisanten Streitfragen der Gegenwart geht es fast immer um diese Selbstbestimmung. Ob Abtreibung oder Selbsttötung – immer wird das Recht auf Selbstbestimmung als Hauptargument angeführt. Und in den normalen Alltagsfragen sowieso: Mein Körper, meine Zeit, mein Geld, mein Eigentum – ich habe das Recht, über mein Eigentum zu verfügen. Selbst wenn Menschen religiös sind und Gott als Hilfe suchen, bestimmen sie doch selber, was gut für sie ist und was nicht. Gott ist höchstens als Erfüllungsgehilfe gefragt. Sein Eigentumsrecht an der Welt und an unserem Leben wird glatt bestritten.

Darin besteht unsere Sünde. Sie ist zuerst die zerstörte Gottesbeziehung. Und diese Störung hat die verkehrten Verhaltensweisen in allen Lebensbereichen zur Folge. Paulus nennt die homosexuellen Handlungen als typische Folgen. Und dann eine ganze Kette: »*Ungerechtigkeit, Schlechtigkeit, Habgier, Bosheit, voll Neid, Mord, Hader, List, Niedertracht; Zuträger, Verleumder, Gottesverächter, Frevler, hochmütig, prahlerisch, erfinderisch im Bösen, den Eltern ungehorsam, unvernünftig, treulos, lieblos, unbarmherzig*« (Römer 1,29-30).

Kaputte Moral und arrogante Selbstherrlichkeit sind nur zwei Spielarten der Gottesfeindschaft. Ob wir mit Mercedes oder VW in die falsche Richtung fahren, mag ein Unterschied sein, aber in jedem Fall ist die Richtung falsch.

Was ist die Lösung? Menschen suchen angeblich nicht mehr nach dem gnädigen Gott, sondern nach dem gnädigen Nächsten. Aber genau da liegt das Problem. Das ist nicht neu. Wenn der Mensch sich selbst zu Gott macht, wird der Mensch für den Menschen zum Wolf. Darum flehen wir jetzt um den gnädigen Nächsten. Allerdings vergeblich, wie die Geschichte beweist.

Auch das ist nicht neu: Nicht der Mensch sucht Gott, sondern Gott sucht den Menschen. Gott fragt: Adam, wo bist du? (vgl. 1. Mose 3,9). Die Rettungsgeschichte Gottes beginnt mit dem Bund, den Gott mit Noah, dann mit Abraham, mit Israel am Sinai, mit David schließt. Und diese Bundesschlüsse finden in dem Messias Jesus ihr universales Ziel. Gott hat in Jesus die Initiative ergriffen. Die Erlösung durch die Kreuzigung und Auferstehung von Jesus hat Gott in der Geschichte Israels vorbereitet.

> Kaputte Moral und arrogante Selbstherrlichkeit sind nur zwei Spielarten der Gottesfeindschaft. Ob wir mit Mercedes oder VW in die falsche Richtung fahren, mag ein Unterschied sein, aber in jedem Fall ist die Richtung falsch.

Das Wort »Erlösung« bezieht sich zuerst auf die Befreiung Israels aus der Knechtschaft in Ägypten. Die Erlösung beginnt damit, dass Israel in der Nacht des Gerichtes verschont wird. Das Blut des Passahlammes wurde auf Gottes Geheiß an Türpfosten gestrichen. Der Gerichtsengel verschonte die Familien der Israeliten vor dem Gericht Gottes, in dem alle Erstgeburten getötet wurden.

Die Sühne hat Gott auch durch den Großen Versöhnungstag vorbereitet. Das griechische Wort *hilastérion* bezeichnet eigentlich den Deckel der Bundeslade (*kapporet*). Die Bundeslade signalisierte die unsichtbare Gegenwart Gottes im Allerheiligsten des Tempels. Dorthin sprengte der Hohepriester einmal im Jahr am Jom Kippur das Blut des Opfertieres. Gott hat damit den Zuspruch der Vergebung der Sünden für das Volk Israel verbunden. Das Blut ist das Leben. Das Leben ist durch die Sünde verwirkt. Zum Zeichen dafür wird das Opfertier getötet.

Erlösung und Sühne sind in den beiden Geschehnissen – Befreiung aus Ägypten und Großer Versöhnungstag – wie durch Modelle vorbereitet. In dem Messias Jesus aber geschehen sie tatsächlich und vollkommen – und zwar für Juden und für Nichtjuden. So ist Gottes Rettungsgeschichte von Abraham an angelegt: *»In dir sollen gesegnet werden alle Geschlechter auf Erden«* (1. Mose 12,3).

Die biblischen Aussagen über Sühne und Stellvertretung werden heute als alte mythologische Vorstellungen kritisiert, die uns ein unakzeptables Gottesbild vermittelten. Braucht Gott das blutige Opfer seines Sohnes, um uns die Sünden vergeben zu können?

Durch die Vorgeschichte mit Israel hilft uns Gott zu verstehen, was er in Jesus tut. Trotzdem ist der stellvertretende Sühnetod, den Jesus für uns stirbt, ohne wirkliche Parallele. Es geht nicht darum, dass Jesus durch sein Sterben Gott in seinem Zorn besänftigt. Gott selbst trägt in Jesus das Todesurteil, das über uns gefällt ist. Nur Gott selbst kann sich mit uns so total identifizieren. Für uns Menschen ist das unmöglich. Eine Mutter würde gern anstelle ihres Kindes die tödliche Krankheit übernehmen und den Tod des Kindes sterben, damit es leben kann. Aber sie kann es nicht. Nur Gott selbst, der Schöpfer, ist nicht begrenzt und kann in unser Leben hinein. Gott wird in Jesus Mensch. Er geht in unser Leben und stirbt unseren Tod. Gott selbst, der Richter, geht an die Stelle des verurteilten Menschen.

Gott macht keinen Handel mit seinem Sohn. In Jesus handelt Gott selbst. Gott schickt eben nicht jemand anderes. *»Gott war in Christus und versöhnte die Welt mit sich selber«* (2. Korinther 5,19; LUT). Der Richter selbst geht unter das Todesurteil. Jesus sagt: *»Ich* *und der Vater sind eins*« (Johannes 10,30). Darum gilt: Christus allein! Und weil allein Gott in Christus die Erlösung schafft, können wir sie nur geschenkt bekommen.

Ganz geschenkt! Luther übersetzt »ohne Verdienst«. Wörtlich steht im Griechischen das Wort »geschenkweise« (*doreàn*). Wir können unsere Erlösung nicht machen, wir können nichts dazu beitragen. Wir können sie auch nicht kaufen. Wir bekommen sie geschenkt oder wir bekommen sie nicht. Darum Gnade allein!

> Weil allein Gott in Christus die Erlösung schafft, können wir sie nur geschenkt bekommen.

Aber müssen wir nicht glauben, um sie zu empfangen? Ja, doch das ist keine zusätzliche Tat, die die Erlösung komplett macht. Gott hat in Christus die Welt versöhnt – zu 100 Prozent. Nicht nur zu 99 Prozent, die wir durch 1 Prozent Glauben vollständig machen müssten. Weil Gott 100 Prozent getan hat, dürfen wir uns 100 Prozent schenken lassen. Gottes Allwirksamkeit tötet uns nicht, sie macht uns lebendig, sodass wir 100 Prozent aktiv sein und das Geschenk annehmen können. Das scheint paradox zu sein. Aber so ist die Wirklichkeit. Die zwei Seiten der Münze bilden gemeinsam die gültige Münze.

Gnade ist zuerst Begnadigung. Wir sind rechtskräftig verurteilt und haben keinen Rechtsanspruch mehr. Gnade ist Begnadigung des endgültig Verurteilten. Durch Jesus werden uns alle Sünden vergeben.

Aber die Gnade bringt uns nicht nur zurück auf den Nullpunkt. Ein Begnadigter wird aus dem Gefängnis entlassen. Dann steht er auf der Straße und muss ein Leben in Freiheit leben. Viele schaffen das nicht und werden rückfällig. Gott stellt uns nicht mit nichts auf die Straße. Er schenkt sich uns selbst noch einmal, indem der Heilige Geist in uns wohnt. Wir werden in den dreieinigen Gott hineingetaucht. Jesus in uns, wir in Jesus. Der Geist Gottes treibt uns und füllt uns mit allen Geschenken, die wir zum Leben brauchen. Das ist Gnade.

Gnade ist nötig, wenn wir kein Recht einfordern und einklagen können. Darum hat Gnade bei den Menschen immer den Geruch von Willkür und Launenhaftigkeit an sich. Aber geht nicht tatsächlich Gnade vor Recht?

Paulus schreibt zweimal, dass Gott im Sühnetod von Jesus seine Gerechtigkeit erweist und beweist. Gottes Gnade ist keine willkürliche Laune, bei der man nie gewiss sein kann. Das war Luthers Entdeckung, durch die die Reformation ausgelöst wurde. Er kannte nur die Gerechtigkeit, die jedem gibt, was er verdient. Darum konnte er nicht verstehen, dass man beten kann: »*Errette mich durch deine Gerechtigkeit!*« (Psalm 71,2). Aber in der Bibel bedeutet Gerechtigkeit Bündnistreue, Vertragsgerechtigkeit (hebräisch: *zedakah*). Gott steht zu seinem Wort – zu seinen Geboten und zu seinen Versprechen –, und er steht zu seinem Bundespartner Israel. Darum gehört nicht nur sein richtendes Wort, sondern auch sein rettendes Wort zu seiner Bündnistreue, zu seiner Gerechtigkeit.

Im Kreuzestod Jesu beweist Gott seine Gerechtigkeit, die richtet und rettet. Gott sagt unerbittlich Nein zur Sünde, aber er rettet den Sünder, indem Jesus an dessen Stelle das Gericht trägt. Wir dürfen der Vergebung der Sünden gewiss sein, weil Gott treu und gerecht ist. So lesen wir in 1. Johannes 1,9: »*Wenn wir aber unsre Sünden bekennen, so ist er treu und gerecht, dass er uns die Sünden vergibt und reinigt uns von aller Ungerechtigkeit.*«

Gott ist gerecht, das heißt, er steht zu seinem Bund und zu seinem Bundespartner. Und er macht uns gerecht, sodass wir versöhnt im Bund mit ihm leben dürfen und können. Es geht hier nicht nur um korrekte Theologie, es geht um Gewissheit im Leben und Sterben.

Die Gnade Gottes allein rettet uns. Diese Gnade Gottes geschieht im gekreuzigten und auferstandenen Jesus Christus. Gnade ist in Jesus Christus allein. Und weil er alles allein am Kreuz vollbracht hat, rettet uns allein der Glaube, der dieses Geschenk empfängt.

Ist das wahr oder nur eine theologische Meinung? Es ist wahr, weil Gott sich in Jesus Christus offenbart hat. Die Apostel sind die Zeugen des Lebens, Sterbens und der Auferstehung von Jesus. Ihr Zeugnis, wie wir es in der Bibel vorfinden, ist die Urkunde der Offenbarung Gottes. Ohne die Bibel wissen wir nichts Gewisses von Gottes Offenbarung. Darum ist die Bibel der Maßstab für Glauben und Leben der Christen und der Kirche. Darum gehört das »Allein die Schrift« (*sola scriptura*) notwendig zum »Allein Christus« (*solus Christus*), »Allein durch Gnade« (*sola gratia*) und »Allein durch Glaube« (*sola fide*). Wenn in den Kirchen die Autorität der Bibel als Wort Gottes infrage gestellt wird, verschwindet auch das Evangelium »Christus allein«. Jeder bastelt sich seinen Jesus nach eigener religiöser Meinung.

Wenn aber der gekreuzigte und auferstandene Jesus Christus nicht der einzige Retter ist, dann verkommen Gnade und Glaube zu psychologischen Begriffen, mit denen man spielen kann, ohne von Jesus Christus zu reden. Wenn du dich selbst annimmst und liebst, wirst du fähig, auch andere zu lieben. Das ist die psychologische Auflösung des Doppelgebotes der Liebe: Gott lieben und deinen Nächsten wie dich selbst! Also zuerst sollst du dich selbst lieben. »Ich bin okay, du bist okay.« Das ist psychologische Selbstrettung. Und die hat heute die Selbstrettung durch gute Werke abgelöst, wie sie früher Mode war. Und weil dabei so viel von Liebe geredet wird, merken die Predigthörer gar nicht, dass ihnen hartes Gesetz gepredigt wird. Du musst es selber tun. Du musst dir selber gnädig sein. Du sollst vor allem nach dem gnädigen Nächsten, nicht nach dem gnädigen Gott fragen.

Ja, es geht um die Rettung jedes einzelnen Menschen durch Jesus. Aber es geht in dieser Zeit auch darum, ob die evangelischen Kirchen ihre Berufung verraten, wenn sie sich nicht mehr dazu bekennen wollen: Christus allein, die Gnade allein, der Glaube allein, die Schrift allein.

Wir sind dafür verantwortlich zu widersprechen, wenn unsere Kirchen das vierfache Allein aufgeben. Vor allem aber sind wir eingeladen, das große Geschenk Gottes anzunehmen und daraus zu leben: Allein Christus! Allein die Gnade! Allein der Glaube! Allein die Heilige Schrift!

Nachdem ich die EKD oft kritisiert habe, möchte ich auch würdigen, dass in einem Grundlagentext des Rates der Evangelischen Kirche in Deutschland mit dem Titel *Für uns gestorben – Die Bedeutung von Leiden und Sterben Jesu Christi* aus dem Jahr 2015 die biblischen Aussagen klar präsentiert werden: »*Es war nach dem Neuen Testament Gott selbst, der auf die Welt kam und am Kreuz in Gestalt seines Sohnes die Konsequenz der menschlichen Schuld trug.*«[50] Das ist eine erfreuliche Klarstellung, dass die Kreuzigung als Sühnegeschehen verstanden wird.

Ich nahm zunächst an, damit seien die biblischen Aussagen als Maßstab für die heutige Verkündigung als verbindlich anerkannt. Dann aber las ich, dass es bei diesen Aussagen nur um »*die neutestamentlichen Reflexionen über Jesu Leiden und Sterben*«[51] geht, nicht etwa um das, was Jesus vor der Kreuzigung und nach der Auferstehung den Aposteln gesagt hat und was durch die Auferweckung

Jesu von Gott bestätigt wurde. Haben wir es also doch nur mit Glaubenszeugnissen, also theologischen Deutungen, zu tun und nicht mit Gottes Offenbarung? Hier wirkt sich wieder aus, was die EKD in dem anderen Grundlagentext zum Reformationsjubiläum verlautbart hat, dass nämlich wegen der historischen Kritik die Bibel »*nicht mehr so wie zur Zeit der Reformatoren als ›Wort Gottes‹ verstanden werden*« könne.

Die Schrift *Für uns gestorben* hat einen Frage-Antwort-Teil, in dem manches Hilfreiche, aber auch viel Irritierendes zu finden ist. Zum Thema Sühnetod werden jetzt plötzlich doch alle sich gegensätzlich ausschließenden theologischen Positionen feilgeboten. Alles gleich gültig? Alles gleichgültig. Auch hier verkündet die EKD: »*Es ist für die Auferstehungshoffnung nicht konstitutiv zu wissen, ob das Grab voll oder leer war.*«[52]

Auf die Frage »*Was wird dann aus denen, die nicht an Gott, geschweige denn an Jesus Christus glauben?*« lautet die Antwort:

> »Christus ist ganz gewiss für alle Menschen gestorben, nicht nur für die Christen. […] Es ist nicht die Aufgabe christlicher Verkündigung, mit dem Ausschluss von dem ewigen Leben zu drohen. Der christliche Glaube freut sich nicht an Ausschlüssen, […] er gibt niemanden, der nicht an Jesus Christus glauben kann, der endgültigen Gottesferne preis. In der klassischen Theologie hat sich diese Hoffnung in dem Gedanken ausgesprochen, noch nach seinem Tod könne ein Mensch Vertrauen zu Christus fassen.«[53]

Diese sogenannte »klassische Theologie« bevorzugt Opium-Religion und liest offenbar die Bergpredigt nicht, in der Jesus vor der Verdammnis warnt (vgl. Matthäus 7,13f).

Die bisher beschriebenen Probleme betreffen das Zentrum des evangelischen Glaubens. Ich hatte nicht den Eindruck, dass diese Tatsache großen Protest ausgelöst hätte. Es ist ja tatsächlich Zeit zum Aufstehen. Auch das gelegentlich formulierte Motto »auftreten anstatt austreten« klingt gut. Das ist auch gut, wenn man wirklich auftritt. Die Bemühung, vor allem das Positive zu betonen, ist recht. Ja, wir wollen vor allem das Evangelium leuchten lassen. Die Evangelisation, die einladende Verkündigung des Evangeliums, ist nach meiner Überzeugung vorrangig wichtig. Aber in der Evangelisation geht es ja nicht um Werbegags, sondern um das Evangelium, das Gottes Kraft zur Rettung ist (vgl. Römer 1,16).

Weil Paulus Evangelist und Gemeindegründer war, entfaltete er im Römerbrief gründlich das ganze Evangelium, um die römische Gemeinde für seine Weltmissionspläne zu gewinnen. Auch seine scharfen Attacken im Galaterbrief geschehen nicht aus starrköpfiger Rechthaberei. Er will, dass Menschen durch Jesus gerechtfertigt und gerettet werden. Darum sein scharfes »Kein anderes Evangelium!«. Und sogar das »Anathema!« gegen jeden, der ein anderes Evangelium verkündigt.

Wurde bei diesen zentralen Themen des Glaubens die Konfrontation aus meiner Sicht weitgehend vermieden, fand sie beim unangenehmsten Konfliktthema erst recht nicht statt. Zunächst ging die Auseinandersetzung um die ethische Bewertung der praktizierten Homosexualität, dann um gottesdienstliche Segnung und Trauung gleichgeschlechtlicher Paare.

Segnung und Trauung gleichgeschlechtlicher Paare – ein Randproblem?

Ich hatte in dieser Sache ein Schlüsselerlebnis. Nachdem ich im März 2009 acht Abende bei ProChrist in der Chemnitz-Arena gesprochen hatte, interviewte mich ein Journalist einer öffentlich-rechtlichen Fernsehanstalt. Seine erste Frage: »Wie stehen Sie zur Homosexualität?« Ich hatte acht Abende lang mit keiner Silbe darüber gesprochen. Es war einfach nicht mein Thema als Evangelist. Ich sagte das dem Journalisten und fragte, warum er mir diese Frage stelle. »Weil damit die Veränderung der Gesellschaft zusammenhängt«, antwortete er mir sinngemäß.

Die Diskussion über die Homosexualität ist alt. Sie beschäftigte die evangelischen Kirchen schon in den 1960er-Jahren. Zwei Betrachtungsweisen wurden dabei oft vermischt: die ethische Bewertung homosexueller Handlungen einerseits und der seelsorgerische Umgang mit homosexuell empfindenden Menschen andererseits. Beides kann und muss man unterscheiden, darf es aber nicht trennen. Diese Aufgabe ist bis heute gegeben.

Lange ging es auch um die Frage, wie die biblischen Aussagen über Homosexualität zu verstehen seien. Man suchte Wege, um die eindeutige Kritik des Alten und Neuen Testamentes an homosexuellen Handlungen zu entschärfen. Vergeblich.

In der Orientierungshilfe der EKD *Mit Spannungen leben* liest man:

> »Verschiedene Auslegungsversuche haben sich als unzutreffend oder unzureichend erwiesen: So ist es nicht zutreffend, dass Homosexualität in der Bibel (und insbesondere im Alten Testament) nur abgelehnt werde, weil sie zum Kult anderer

Götter gehört oder sofern Menschen durch spezifische homosexuelle Praktiken gedemütigt werden. Die These, an keiner
Stelle sei in der Bibel von anlagebedingter, vor-willentlicher
Homosexualität (ausdrücklich) die Rede, trifft zwar zu, sagt
aber nichts darüber aus, ob und inwiefern eine solche Sicht
der Homosexualität die jeweiligen biblischen Aussagen modi-
fizieren oder korrigieren würde.«[54]

Es wird nicht mehr der Versuch gemacht, die biblischen Aussagen
so umzudeuten, dass man eine positive Wertung homosexueller
Handlungen daraus ableiten könnte. Aber die klaren Aussagen der
Bibel werden trotzdem nicht als Maßstab für die Lebensgestaltung
gesehen (vgl. 3. Mose 18,22; 20,13; Römer 1,26ff; 1. Korinther
6,9f; 1. Timotheus 1,9ff). Es wird behauptet, das allumfassende
Liebesgebot gäbe die Berechtigung zu einer »*ethisch verantwortlichen Gestaltung einer homosexuellen Beziehung*«. Diese in sich
widersprüchliche Haltung liest sich in der EKD-Orientierungshilfe so:

»Blickt man von hier aus auf die biblischen Aussagen zur
Homosexualität zurück, so muss man konstatieren, dass
nach diesen Aussagen homosexuelle Praxis dem Willen
Gottes widerspricht. Zugleich muss man feststellen, dass die
Frage nach einer ethisch verantwortlichen Gestaltung einer
homosexuellen Beziehung vom Liebesgebot her an keiner
dieser Stellen thematisiert wird. Im Zentrum des Interesses
steht allein die homosexuelle Praxis als solche, die – in Übereinstimmung mit den allgemeinen biblischen Aussagen zum
Menschenbild und zur Sexualität – als dem ursprünglichen
Schöpferwillen Gottes widersprechend qualifiziert wird.«

Was für eine Logik! Die Bibel sagt zwar eindeutig, homosexuelle Handlungen sind Sünde. Aber wenn man die Sünde ethisch verantwortlich gestaltet, ist alles wieder gut.

Immerhin kam die EKD-Orientierungshilfe nach gründlichen Erwägungen zu dem eindeutigen Schluss: *»Die Segnung einer homosexuellen Partnerschaft kann nicht zugelassen werden. In Betracht kommt allein die Segnung von Menschen.«* Der Zeitraum für die Haltbarkeit theologischer Erkenntnisse schrumpft allerdings in den evangelischen Kirchen dramatisch schnell. Dirk Scheuermann, evangelischer Pfarrer und Vorsitzender des Westfälischen Gemeinschaftsverbandes, schrieb in seiner Stellungnahme zu einem Beschluss der Landessynode der Evangelischen Kirche von Westfalen, durch die gottesdienstliche Segnungen gleichgeschlechtlicher Partnerschaften erlaubt wurden:[55]

»Es ist bemerkenswert, in welch kurzer Zeit in fast allen Gliedkirchen der EKD entgegen dieser Empfehlung die Segnung gleichgeschlechtlicher Partnerschaften in einem öffentlichen Gottesdienst ermöglicht wird. Wie lässt sich dieser Gesinnungswandel erklären? Gibt es neue exegetische Erkenntnisse, oder ist der öffentliche Druck einer Gesellschaft im Wandel so groß, dass sich eine ›Volkskirche‹ diesem Trend nicht entziehen kann und auch nicht will?«

Der letzte Versuch, den biblischen Widerspruch auszuhebeln, war eine historische Behauptung. Es habe in der Antike gleichberechtigte, verantwortungsvolle homosexuelle Partnerschaften nach heutigem Verständnis gar nicht gegeben. Homosexualität sei nur in abhängigen Verhältnissen geübt worden. Sie sei mit Erniedrigung oder gar Gewalt verbunden gewesen. Dagegen richte sich die biblische Kritik, nicht aber gegen Homosexualität, die in verantwortlicher Partnerschaft gelebt werde.

Dr. Gerrit Hohage nennt Gegenbeispiele.[56] Er verweist auf die »Heilige Schar« von Theben (um 378 v. Chr.), in der homosexuelle Elitesoldaten als Paare zusammenlebten, und andere Belege, die zeigen, dass es auch in der Antike gleichberechtigte homosexuelle Partnerschaften gegeben habe. Es sei historisch nicht haltbar, zu sagen, Paulus habe davon nichts gewusst. Hohage verweist auch auf den Widerspruch, dass Theologen behaupten, es habe homosexuelle Partnerschaften, wie sie heute gelebt würden, in der Antike nicht gegeben, während die säkularen Vertreter der Gay-Bewegung das Gegenteil versuchen nachzuweisen. Eines der beiden Forschungsergebnisse müsse sich als falsch erweisen.

Aber die Bibel scheint den Entscheidungsgremien in den evangelischen Kirchen letzten Endes egal zu sein. Alle, bis auf die württembergische Kirche, haben inzwischen Segnungen oder Trauungen gleichgeschlechtlicher Paare ermöglicht. Manche Mitglieder von Kirchenleitungen und Synoden trösten sich damit, dass nur Segnungen, nicht Trauungen beschlossen worden seien. Dieser minimale Unterschied macht aber letzten Endes keinen Unterschied. Allerdings ist es erschütternd zu sehen, dass einige evangelische Kirchen durch Einführung der Trauung gleichgeschlechtliche Partnerschaften der Ehe völlig gleichgestellt haben, was der Staat bisher (Stand April 2017) noch nicht vollzogen hat.

Aber ist die Angelegenheit die ganze Aufregung überhaupt wert? Es betreffe doch nur wenige, sagen manche. Es gehe dabei

> Es ist erschütternd zu sehen, dass einige evangelische Kirchen durch Einführung der Trauung gleichgeschlechtliche Partnerschaften der Ehe völlig gleichgestellt haben, was der Staat bisher noch nicht vollzogen hat.

doch nur um moralische Fragen, die mit dem Evangelium nichts zu tun hätten, sagen andere. Wir sollten das Thema nicht so hochspielen, wir würden damit Betroffene nur ausgrenzen und ihnen den Zugang zum Evangelium verschließen.

Es geht aber tatsächlich nicht um eine Nebensache. Die Grundlagen des christlichen Glaubens sind betroffen. Die kirchliche Behandlung der Frage beweist, dass die Autorität der Bibel als dem geoffenbarten Wort Gottes grundsätzlich bestritten wird. Es geht um mehr als die konkreten Aussagen der Bibel zum Thema Homosexualität. Es geht um das geoffenbarte Menschenbild. Die Gottebenbildlichkeit wird ausdrücklich dem Menschen in der Polarität und Gemeinschaft als Mann und Frau zugesprochen. Die Aussagen im Schöpfungsbericht (vgl. 1. Mose 1,27; 1. Mose 2,24) bestätigt Jesus ausdrücklich: »*Habt ihr nicht gelesen, dass der Schöpfer sie am Anfang schuf als Mann und Frau und sprach: ›Darum wird ein Mann Vater und Mutter verlassen und an seiner Frau hängen, und die zwei werden ein Fleisch sein‹? So sind sie nun nicht mehr zwei, sondern ein Fleisch. Was nun Gott zusammengefügt hat, das soll der Mensch nicht scheiden!*« (Matthäus 19,4-6).

Wir wissen nur durch Gottes Offenbarung, dass er der Schöpfer ist. Schöpfung aus dem Nichts können wir gar nicht denken. Die einzigartige Würde des Menschen liegt darin, dass Gott ihn zum Gegenüber (Spiegelbild) und Geschäftsführer über Gottes Welt macht – und das wissen wir nur durch die Offenbarung Gottes. Wir können diese einzigartige Würde des Menschen nicht aus der Natur ablesen.

Es wird zwar gern und oft – auch in der Politik – vom christlichen Menschenbild geredet, an dem man sich orientiere. Aber woher gewinnen wir das christliche Menschenbild, wenn nicht aus der Bibel? Was ist christlich an einem Menschenbild, wenn wesentliche Aussagen von Altem und Neuem Testament über die

Menschen nicht gelten? Der selbstbestimmte Mensch, der Gottes Herrschaft über die Welt und sein Leben bestreitet, mag versuchen, sich seine Lebensform zu wählen. Der Schöpfer lässt uns wissen, dass wir Menschen grundsätzlich als Mann und Frau einander zugeordnet und so von ihm gesegnet sind (vgl. 1. Mose 1,28).

Es darf uns eigentlich nicht überraschen, dass wir in einer Gesellschaft leben, die nicht christlich ist. Ob frühere Zustände der Gesellschaft in Mitteleuropa als christlich zu bezeichnen waren, will ich hier nicht diskutieren. Allein die Tatsache, dass nur 4 Prozent der evangelischen Kirchenmitglieder einen Gottesdienst besuchen, reicht zum Beweis, dass diese Gesellschaft nicht wesentlich vom christlichen Glauben bestimmt wird. In einer Demokratie entscheidet die Mehrheit. Über das Erlassen von Gesetzen entscheidet der Bundestag mit Mehrheit.

In den ersten drei Jahrhunderten lebten die Christen in einer Mehrheitsgesellschaft, die vom christlichen Glauben nichts wusste oder nichts wissen wollte. Die Christen lebten trotzdem fröhlich und mutig nach den Verheißungen und Geboten Gottes – im Umgang mit dem Geld und Besitz, in Ehe und Familie, im beruflichen Leben. So ist es heute in vielen Teilen der Welt. In Ländern, in denen die Polygamie Tradition und legal ist, halten sich Christen trotzdem daran, dass die Ehe eine lebenslange Verbindung zwischen einem Mann und einer Frau ist. Auch Christen sündigen und scheitern. Das führt aber nicht dazu, die Geltung der Gebote Gottes abzuschaffen. Die ersten Christen haben die Gebote Gottes nicht erst dann befolgt, als der Staat die Befolgung der Gebote Gottes allen Bürgern per Gesetz auferlegte und mit Strafandrohung durchzusetzen versuchte. Das ist versucht worden, als die Kirche sich mit der Macht verbündete und das Christentum zur Staatsreligion gemacht wurde. Die Folgen kann man in Europa heute besichtigen.

Wir müssen wieder lernen, dass die Christen eine Minderheit sind. Wir leben fröhlich und entschlossen nach dem Worte Gottes. Wir tragen die Konsequenzen, auch wenn die in Mobbing oder anderen Nachteilen bestehen. In der Kirche war von Anfang an ganz normal: »Man muss Gott mehr gehorchen als den Menschen.«

In der Diskussion über gelebte Homosexualität erleben wir Empörung und aggressiven Widerstand, wenn wir zur Geltung biblischer Maßstäbe stehen. Der Vorwurf von Diskriminierung und Menschenrechtsverletzungen ist wohlfeil. Und jeder, der sich kritisch zu praktizierter Homosexualität äußert, wird in einen Topf mit den Nazis geworfen, die Homosexuelle in KZs gesperrt und umgebracht haben. Weil solche »Argumente« drohen, wagen auch viele Christen nichts mehr zu sagen.

Unser Problem heute besteht aber nicht in dieser Mehrheitsgesellschaft, die das Wort Gottes ablehnt. Unser Problem liegt darin, dass die Einstellung der Mehrheitsgesellschaft schon längst die herrschende Meinung in den evangelischen Landeskirchen ist.

Der krasse Beweis dafür ist die Regelung des Dienstrechtes für Pfarrer, das die EKD vor wenigen Jahren beschlossen hat. Im § 39 »Ehe und Familie« heißt es da: »*Pfarrerinnen und Pfarrer sind auch in ihrer Lebensführung im familiären Zusammenleben und in ihrer Ehe an die Verpflichtungen aus der Ordination [...] gebunden. Hierfür sind Verbindlichkeit, Verlässlichkeit und gegenseitige Verantwortung maßgebend.*« Das hört sich gut an. In der Begründung dieses Paragrafen wird dann erklärt, was darunter zu verstehen ist: »*[...] im familiären Zusammenleben und in ihrer Ehe*«. Da lesen wir:

»Der Begriff ›familiäres Zusammenleben‹ ist hingegen bewusst weit gewählt. Er umfasst nicht nur das generationsübergreifende Zusammenleben, sondern jede Form des rechtsverbindlich geordneten Zusammenlebens von mindestens zwei Menschen, das sich als auf Dauer geschlossene, solidarische Einstandsgemeinschaft darstellt und damit den […] inhaltlichen Anforderungen Verbindlichkeit, Verlässlichkeit und gegenseitige Verantwortung genügt. Soweit diese Anforderungen erfüllt sind, bleibt es den Gliedkirchen und glied-kirchlichen Zusammenschlüssen überlassen, ihr eigenes Profil für die Anwendung von § 39 Abs. 1 zu entwickeln und die Norm auf diese Weise näher auszugestalten.«

»*Jede Form des rechtsverbindlichen Zusammenlebens von mindestens zwei Menschen*« – das können Mann und Frau oder zwei Männer oder zwei Frauen sein. Die beiden letzten Möglichkeiten findet man bereits in Pfarrhäusern in fast allen Landeskirchen. Auch ein Mann mit zwei Frauen, eine Frau mit zwei Männern fallen theoretisch unter diese Definition. In den evangelischen Kirchen sprechen manche seit geraumer Zeit mit glänzenden Augen davon, dass sich die Liebe auch in »polyamoren Beziehungen« ausdrücken kann. In der Bibel heißt das allerdings Unzucht oder Ehebruch.

Ich will in diesem Buch ja zeigen, wie Christen ihren Glauben nach dem Wort Gottes leben können. Ja, das muss auch angesichts dieser Problematik gelten. Es wird nicht leicht sein. Nicht wenige Kirchenleiter haben erklärt, dass Homosexualität eine wunderbare »Schöpfungsvariante« sei und ihre Ausübung auf keinen Fall als Sünde angesehen werden dürfe. Inzwischen haben 19 von 20 Mitgliedskirchen der EKD gottesdienstliche Segnungen oder Trauungen für gut befunden und zugelassen (Stand April 2017).

Ja, es gab Widerstand. Aber Kirchenleitungen und Synoden haben darauf wenig Rücksicht genommen. Pfarrer genießen zwar Gewissensschutz. Organisten allerdings schon nicht mehr. Und Dekane bzw. Superintendenten – die Vorgesetzten der Pfarrer – auch nicht. Denn die müssen für Ersatz sorgen, wenn ein Pfarrer aus Gewissensgründen die Segnung oder Trauung verweigert. Bei denen ist offenbar nicht vorgesehen, dass sie ihr Gewissen bemühen. Sie werden wohl als Vollzugsbeamte betrachtet, mit denen man rechnen kann. Mal sehen, wann der erste widersteht! Und die Kirche von Berlin-Brandenburg hat die historische Besonderheit vollbracht und den Gewissensschutz für Pfarrer auf fünf Jahre begrenzt.

Höchst fragwürdige Taufpraxis

Die Taufe gehört ohne Frage wesentlich zum Christsein. Strittig ist in der Christenheit, wie sie verstanden und praktiziert werden soll. Aus dem Neuen Testament lässt sich keine eindeutige Antwort darauf finden, in welcher Form sie geschehen soll. In der Pfingstgeschichte wird zwar berichtet, dass sich an einem Tag dreitausend Menschen taufen ließen und zur Gemeinde hinzugefügt wurden, aber es wird nicht gesagt, wie diese Taufe geschah (vgl. Apostelgeschichte 2,41). Es wird gesagt, dass die Menschen getauft wurden, nachdem sie das Wort der Apostel annahmen. So finden wir es im Neuen Testament durchgehend: Die Menschen hören das Evangelium. Sie nehmen es an oder lehnen es ab. Wer es annimmt und Jesus nachfolgen will, wird getauft.

Wie kam es zur Kindertaufe? Man kann vermuten, dass auch Kinder getauft wurden, wenn es vom Gefängnischef in Philippi heißt: »Und er ließ sich und alle die Seinen sogleich taufen« (Apostelgeschichte 16,33). Paulus schreibt über seine Tätigkeit in Korinth unter anderem: »Ich habe aber auch Stephanas und sein Haus getauft« (1. Korinther 1,16). Ob da auch Kleinkinder getauft wurden, wird nicht ausdrücklich gesagt. Jedenfalls war es bald üblich, dass Christen auch ihre Kleinkinder taufen ließen. Sie drückten damit aus, dass ihre unmündigen Kinder ganz in die Lebensgemeinschaft der Eltern mit Jesus gehörten.

Bald wurde im Laufe der Kirchengeschichte die Kindertaufe so verstanden, dass sie durch ihren Vollzug die Wiedergeburt des neuen Menschen bewirkte. Ob der Getaufte dann auch an Jesus glaubte und ihm nachfolgte, war unwichtig. Die Taufe wurde gewissermaßen magisch verstanden. Sie wirkte durch den Vollzug an sich, lateinisch: *ex opere operato*.

Jesus hatte aber gesagt: »*Wer da glaubt und getauft wird, der wird selig werden; wer aber nicht glaubt, der wird verdammt werden*« (Markus 16,16). Das Verhältnis von Taufe und Glaube wurde in der Reformation neu bedacht. Luther, auch Zwingli und Calvin hielten an der Kindertaufe fest. Die sogenannten Täufer, die eine Kindertaufe ablehnten, wurden leider gewaltsam und blutig verfolgt. Kein Ruhmesblatt der Reformatoren!

Aber Luther hat immerhin geschrieben: »*Wenn der Glaube nicht zur Taufe kommt, ist die Taufe nichts nütze.*« Dieser Satz wird in der Kundgebung der EKD-Synode 1999, Leipzig, zum Schwerpunktthema *Reden von Gott in der Welt – Der missionarische Auftrag der Kirche an der Schwelle zum 3. Jahrtausend* und sogar als Begründung für eine Verpflichtung zitiert: »*Eine Kirche, die Kinder tauft, ist dazu verpflichtet, zum persönlichen Glauben hinzuführen. ›Wenn der Glaube nicht zur Taufe kommt, ist die Taufe nichts nütze‹ (Martin Luther).*«[57]

Ich kann die Kindertaufe theologisch vertreten, wenn Eltern und Paten Jesus nachfolgen und ihr Versprechen bei der Taufe ernst meinen. Sie werden ja gefragt, ob sie das Kind im christlichen Glauben erziehen wollen. Wenn Eltern und Paten aber im Gespräch zu erkennen geben, dass sie mit dem christlichen Glauben nichts anfangen können, an Gottesdiensten nicht teilnehmen und auch sonst keine Verbindung zur Gemeinde suchen, wie sollen oder wollen sie dann das Taufversprechen halten?

Ist die Taufe nur ein Segnungsritual am Lebensanfang? Müssen Pfarrer darauf verzichten, nach dem Glauben der Eltern zu fragen? Können sie ihnen zur Vorbereitung nicht wenigstens die Teilnahme an einem Glaubenskurs anbieten? Muss die Teilnahme nicht die Mindestvoraussetzung sein, wenn Eltern bisher kein Interesse am Glauben und an der christlichen Gemeinde gezeigt haben?

> Wenn die vorauslaufende Gnade zum kirchlichen Ramschangebot der »billigen Gnade« verkommt, ist die Grenze des Verantwortbaren überschritten.

Dass der stellvertretende Glaube von Eltern und Paten bei der Taufe eines kleinen Kindes als hinreichender Grund für die Taufe gilt, ist schon eine theologische Ableitung. Die Begründung lautet, dass die Gnade Gottes unserem Glauben zuvorkommt. Wenn Eltern, Paten und Gemeinden ihrer geistlichen Verantwortung zur Verkündigung des Evangeliums an Kinder und Jugendliche anschließend gerecht werden, kann man das vertreten. Aber wenn die vorauslaufende Gnade zum kirchlichen Ramschangebot der »billigen Gnade« verkommt, ist die Grenze des Verantwortbaren überschritten.

Bei allen angestrengten theologischen Begründungsbemühungen ist der Verdacht berechtigt, dass die »niedrigschwellige« Kindertaufe ein probates Mittel ist, spätere Kirchensteuerzahler zu gewinnen.

Es gibt auch in den evangelischen Kirchen nicht wenige Christen, die ihre Kinder nicht taufen lassen, um dem offensichtlichen massenhaften Missbrauch entgegenzuwirken. Ich entsinne mich noch, wie vor etwa vierzig Jahren in der evangelischen Kirche im Rheinland durchgesetzt wurde, dass auch Pfarrer das Recht hatten, ihre kleinen Kinder nicht zu taufen. Sie wollten das nicht etwa, weil sie die Taufe missachteten. Im Gegenteil, sie wollten ihre Kinder unter Segen, Gebet und mit allen erdenklichen Hilfen zu einer mündigen Glaubensentscheidung helfen, die dann mit der Taufe besiegelt wird. Das ersetzt dann die Konfirmation.

Die Konfirmation wurde von den Reformatoren eingeführt, damit junge Leute vor der Gemeinde ihr Bekenntnis zur Jesusnachfolge ablegen, nachdem ihnen das Evangelium angeboten und erklärt wurde. Ich kenne Gemeinden, in denen der Konfirmandenunterricht sehr hilfreich zum Glauben an Jesus einlädt und die Konfirmation für junge Leute der Beginn einer aktiven Christusnachfolge in der Gemeinde ist. Ich beobachte, dass in solchen Gemeinden der Konfirmandenunterricht intensiv mit einer missionarischen Jugendarbeit verbunden ist. Die Ergebnisse sind nachprüfbar: Leben die Konfirmierten nach ihrer Konfirmation in der Jugendarbeit und in der Gemeinde oder nicht?

Dass in vielen Fällen die Konfirmation mit der Verabschiedung aus der Gemeinde gleichgesetzt wird, ist ganz offensichtlich. Dass man sich in der Kirche mit diesem ritualisierten Verfahren abfindet, ist ein Skandal.

Auch hier geht es nicht um Formen und Methoden. Es geht zuerst um klare biblische Lehre. Eine Taufwiedergeburtslehre, die die Leute glauben macht, dass sie durch die Taufe das Heil geschenkt bekommen, auch wenn sie nicht umkehren und Jesus nachfolgen, ist Betäubungsgift für die Gewissen. Und es ist eine Irrlehre. Jesus sagt: »*Wer glaubt und getauft wird, wird gerettet; wer aber nicht glaubt, wird verdammt werden.*« Wer den zweiten Teil des Satzes unterschlägt, betrügt die Menschen.

Ich sage noch einmal, dass ich die Taufe von kleinen Kindern von Christen durchaus vertrete. Das Problem liegt nicht in der Kindertaufe, sondern in der falschen Verkündigung, die mit der Kindertaufe einhergeht.

Die Kirchen bleiben bei der verhängnisvollen Kindertaufpraxis, weil sie meines Erachtens finanziell dadurch ihren Bestand zu sichern hoffen. Die theologische Begründung dieser Praxis ist jämmerlich schwach und falsch. Das Beharren auf dieser Praxis verrät auch, dass die Leitungen der evangelischen Kirchen vor allem daran interessiert sind, das Christentum als Zivilreligion zu fördern. Religion ohne Entscheidung passt zu Kirchen, die für möglichst viele als soziales und religiöses Dienstleistungsunternehmen funktionieren möchten. Sie hoffen, Kitt für eine zerbröselnde Gesellschaft sein zu können.

> Die Kirchen bleiben bei der verhängnisvollen Kindertaufpraxis, weil sie meines Erachtens finanziell dadurch ihren Bestand zu sichern hoffen.

Kirchen können sterben

Wird die Kirche eine Zukunft haben? Die Kirche des Jesus Christus ja. Dem Simon Petrus hat Jesus gesagt: »*Du bist Petrus, und auf diesen Felsen will ich meine Gemeinde bauen, und die Pforten der Hölle sollen sie nicht überwältigen*« (Matthäus 16,18). In dem letzten Buch der Bibel, der Offenbarung des Johannes, dokumentiert der Apostel, was Jesus ihm von der Zukunft der Welt und auch von der Zukunft der Kirche gezeigt hat.

»Und ich sah einen neuen Himmel und eine neue Erde; denn der erste Himmel und die erste Erde sind vergangen, und das Meer ist nicht mehr. Und ich sah die heilige Stadt, das neue Jerusalem, von Gott aus dem Himmel herabkommen, bereitet wie eine geschmückte Braut für ihren Mann. Und ich hörte eine große Stimme von dem Thron her, die sprach: Siehe da, die Hütte Gottes bei den Menschen! Und er wird bei ihnen wohnen, und sie werden seine Völker sein, und er selbst, Gott mit ihnen, wird ihr Gott sein; und Gott wird abwischen alle Tränen von ihren Augen, und der Tod wird nicht mehr sein, noch Leid noch Geschrei noch Schmerz wird mehr sein; denn das Erste ist vergangen.« (Offenbarung 21,1-4)

Das Zentrum der neuen Welt ist das neue Jerusalem. Die Stadt wird auf wunderbare Weise am Ende der Offenbarung beschrieben. Die zwölf Tore tragen die Namen der zwölf Stämme Israels. Und zwölf Grundsteine tragen die Namen der Apostel, die Jesus berufen hat (vgl. Offenbarung 21,10-14).

Die Kirche ist das Volk Gottes, das aus dem Volk Israel und aus den Völkern der Welt besteht, die durch den Messias Jesus dazugekommen sind. Die Kirche des Jesus Christus wird das Zentrum der neuen Welt Gottes sein. Sie wird an der Herrlichkeit Gottes teilhaben, »*bereitet wie eine geschmückte Braut für ihren Mann*«. Die Herrlichkeit der Kirche wird ganz auf Jesus bezogen sein.

Dann wird die Kirche »*ohne Flecken und Runzeln*« sein, wie Paulus in seinem Vergleich der Ehe mit dem Verhältnis der Gemeinde zu Jesus Christus geschrieben hat (vgl. Epheser 5,25-27).

Wir brauchen keine Sorge zu haben. Jesus bringt seine Kirche zum Ziel – auch durch Zeiten der Anfechtung, Verführung und Verfolgung.

Am Anfang der Offenbarung des Johannes diktiert der auferstandene Jesus dem Apostel Johannes sieben Briefe an Gemeinden im Gebiet der heutigen Türkei. Ermutigungen und Ermahnungen finden sich in diesen Briefen.

An die Gemeinde in Sardes lässt Jesus schreiben: »*Ich kenne deine Werke: Du hast den Namen, dass du lebst, und bist tot*« (Offenbarung 3,1). Das gibt es also: Kirchen sind schon gestorben, obwohl sie aktiv sind.

Im letzten Brief an die Gemeinde in Laodizea lesen wir:

»Ich kenne deine Werke, dass du weder kalt noch warm bist. Ach dass du kalt oder warm wärest! Weil du aber lau bist und weder warm noch kalt, werde ich dich ausspeien aus meinem Munde. Du sprichst: Ich bin reich und habe mehr als genug und brauche nichts!, und weißt nicht, dass du elend und jämmerlich bist, arm, blind und bloß. Ich rate dir, dass du Gold von mir kaufst, das im Feuer geläutert ist, damit du reich werdest, und weiße Kleider, damit du sie anziehst und die Schande deiner Blöße nicht offenbar werde, und Augensalbe, deine Augen zu salben, damit du sehen mögest. Welche ich lieb habe, die weise ich zurecht und züchtige ich. So sei nun eifrig und tue Buße! Siehe, ich stehe vor der Tür und klopfe an. Wenn jemand meine Stimme hören wird und die Tür auftun, zu dem werde ich hineingehen und das Abendmahl mit ihm halten und er mit mir. Wer überwindet, dem will ich geben, mit mir auf meinem Thron zu sitzen, wie auch ich überwunden habe und mich gesetzt habe mit meinem Vater auf seinen Thron. Wer Ohren hat, der höre, was der Geist den Gemeinden sagt!« (Offenbarung 3,15-22)

In Laodizea praktizierten sie Religion ohne Entscheidung. Bitte keine Extreme! Nicht kalt oder heiß, angenehm lauwarm bitte! Man fühlte sich wohl in der Gemeinde. Die Gemeinde litt aber unter totaler Fehleinschätzung: Sie hielt sich für reich und sah ihre Armut nicht. Das Schlimmste: Diese christliche Gemeinde hatte Jesus vor die Tür gestellt. Er klopft an und bittet um Einlass: »*Siehe, ich stehe vor der Tür und klopfe an.*« Das ist kein Ruf an Atheisten, sondern an eine christliche Gemeinde. Das gab es also schon in der Frühzeit der Christenheit. Das ganze religiöse Programm wurde in der Kirche abgespult. Aber Jesus stand draußen vor der Tür. Sie hatten es wohl gar nicht gemerkt. Er bittet um erneuten Einlass. Jesus ruft seine Kirche zur Umkehr. So lesen wir es immer wieder in den Kapiteln 2 und 3 der Offenbarung.

Wir wissen nicht, wie die Gemeinden darauf reagiert haben. Sind sie umgekehrt?

Alle Gemeinden sind ausgelöscht worden. Wer heute nach Ephesus kommt, kann die Ruinen des riesigen Theaters besuchen. Wo ist die einst blühende Gemeinde? In der Millionenstadt Izmir – dem alten Smyrna – gibt es neu entstandene Gemeinden – ein ermutigendes Zeichen. Aber über Jahrhunderte waren die Gemeinden, in denen die Apostel gewirkt hatten und denen der auferstandene Jesus höchstpersönlich durch den Apostel Johannes Briefe schrieb, ausgelöscht.

Die evangelischen Kirchen in Deutschland werden nicht durch ihren von Kirchensteuern gespeisten Reichtum und auch nicht durch ihre staatlich finanzierten Theologischen Fakultäten vor dem Sterben bewahrt werden. Nirgendwo in der Welt sind die Kirchen so leer wie in den reichen Kirchen Westeuropas.

Ähnliches muss man von den blühenden Gemeinden in Nordafrika sagen, die mit den Namen berühmter Kirchenführer wie Tertullian, Cyprian und Augustinus verbunden waren. Seit dem Ende des 7. Jahrhunderts war die Kirche ausgelöscht. Aber auch dort erleben wir in unserer Zeit den Neubeginn einheimischer Gemeinden.

Kirchengemeinden und christliche Organisationen können sterben und sind gestorben. Es gibt ein Gericht Gottes in der Geschichte auch an der Kirche. Petrus schreibt: »*Denn die Zeit ist da, dass das Gericht beginnt bei dem Hause Gottes. Wenn aber zuerst bei uns, was wird es für ein Ende nehmen mit denen, die dem Evangelium Gottes nicht glauben?*« (1. Petrus 4,17).

Die evangelischen Kirchen in Deutschland werden nicht durch ihren von Kirchensteuern gespeisten Reichtum und auch nicht durch ihre staatlich finanzierten Theologischen Fakultäten vor dem Sterben bewahrt werden. Nirgendwo in der Welt sind die Kirchen so leer wie in den reichen Kirchen Westeuropas.

KAPITEL 3
Brauchbare Baugerüste

Warum ich trotzdem in der evangelischen Kirche bin

Ich habe Gottes Platzanweisung für mich in der evangelischen Kirche gesehen. Und das gilt auch heute. Ich will in diesem Kapitel darstellen, welche Lebens- und Arbeitsmöglichkeiten ich in den evangelischen Kirchen sehe.

Vorab betone ich ausdrücklich, dass ich die Freikirchen sehr schätze. Ich sehe keinen Anlass, jemanden zu kritisieren, der Mitglied einer freien evangelischen Gemeinde ist oder wird. Warum ist nicht jede Kirche eine Freikirche? Die EKD hat eine Schrift über die Zukunft der Kirche unter dem Titel *Kirche der Freiheit* herausgegeben. Wieso klingt dann der Begriff »Freikirche« bei manchen Kirchenleuten so abwertend?

Außerhalb Europas ist es ziemlich schwierig, jemandem zu erklären, was eine »Landeskirche« ist. Diese mit der Staatsreligion verbundene Kirchenform ist nicht aus dem Neuen Testament, sondern nur aus der europäischen Geschichte verständlich zu machen. Alle Versuche, gegen den Willen von weltlichen und kirchlichen

Machthabern Gemeinden zu gründen, wurden in Europa lange Zeit gewaltsam unterdrückt. Auch nach der Reformation ging es nach dem Grundsatz *cuius regio eius religio* – »wer die Macht hat, bestimmt die Religion der Untertanen«. Manche Bekenntnisse wurden nicht durch Machthaber unterstützt, zum Beispiel die Täufer, die die Kindertaufe ablehnten. Sie wurden blutig verfolgt und vertrieben. Viele gingen nach Nordamerika, um dort ihren Glauben in Freiheit leben zu können.

1846 wurde die weltweite Evangelische Allianz gegründet, in der sich evangelische Christen aus verschiedenen Denominationen verbunden haben. Sie beten gemeinsam und evangelisieren gemeinsam, wo immer sich dazu die Möglichkeit bietet. Sie stehen gemeinsam für Religionsfreiheit ein. Ihr Anliegen ist nicht die Vereinheitlichung der Kirchenorganisationen, sondern sie praktizieren die Verbundenheit der Christen aus verschiedenen Kirchen und Konfessionen. Diesem Allianzgedanken bin ich sehr verbunden. Aber jetzt will ich begründen, warum ich Glied und Mitarbeiter der evangelischen Kirche bin.

Ich bin in der evangelischen Kirche zum Glauben an Jesus gekommen. In ihr wurde mir das Evangelium von Jesus Christus verkündet. In ihr wurde mir die Bibel vertraut und lieb gemacht. Von Anfang an bekam ich einen Geschmack davon, dass die Wahrheit des Evangeliums umstritten ist. Ich erlebte die Nachwehen der Nazizeit und des Kirchenkampfes der Bekennenden Kirche. Der Pfarrer Wilhelm Busch aus Essen prägte mich. Ich erlebte gestandene Christen, die sich zu Jesus und zur Gemeinde bekannten und im öffentlichen Leben wirkten, überzeugende Persönlichkeiten wie Gustav Heinemann und Diether Posser.

Ich lernte den Pietismus in der evangelischen Kirche kennen. Dessen Hauptziel war es, Menschen zu Jesus zu rufen (Evangelisation) und die Gemeinde des Jesus Christus zu sammeln und zu stärken. Außerdem erlebte ich den Widerstand von Pfarrern und Kirchenoberen gegen selbstbewusste, mündige Christen, die sich nicht durch wechselnde theologische Moden bevormunden ließen und sich schon gar nicht klerikalen Machtansprüchen beugten. Ich erlebte den Protest von Wilhelm Busch gegen die pfarrherrliche Restauration nach dem Zweiten Weltkrieg, die sich gegen die aus dem Pietismus und der Erweckungsbewegung entstandenen freien Werke wandte: Sie sagen Gemeinde, aber sie meinen Macht der Pfarrer.

Als junger Christ hatte ich eine unerwartete Berufung in den vollzeitlichen Dienst. Mir war von da an klar, dass ich Pfarrer in der evangelischen Kirche werden sollte. Ich wollte nie etwas anderes, als in einer Gemeinde Dienst tun, predigen, Hausbesuche machen, Bibelstunden halten, seelsorgerisch tätig sein. Dass ich dann in spezielle Dienste berufen wurde, hing nicht von meinen Wünschen und Plänen ab. Ich erlebte Berufungen Gottes immer durch verantwortliche Christen, die mich in bestimmte Dienste berufen haben.

Schließlich wurde ich in der Evangelischen Kirche im Rheinland zum Pfarrer ordiniert. Diese Ordination ist mit einem Gelübde verbunden, das lebenslang gilt. Ich sehe bis heute keinen Grund, diese Kirche zu verlassen, obwohl ich vieles in ihr kritisiere. Ihre Grundordnung ist solide.

Bei meiner Ordination wurde mir gesagt, was ich zu versprechen hatte: »*Dabei sollst du ernstlich beachten, dass es dem evangelischen Prediger nicht zusteht, eine andere Lehre zu verkünden und auszubreiten als die, welche gegründet in Gottes lauterem und klarem Wort, wie es verfasst ist in der Heiligen Schrift Alten und Neuen Testaments, unserer alleinigen Glaubensnorm, wie es bezeugt ist in den drei altkirchlichen Glaubensbekenntnissen.*« Dann werden die reformatorischen Bekenntnisschriften und die Barmer Theologische Erklärung der Bekennenden Kirche von 1934 genannt.

Solange diese Grundlage und die Präambel der Kirchenordnung der Evangelischen Kirche im Rheinland nicht geändert werden, habe ich keinen Grund, diese Kirche zu verlassen. Ich will mein Ordinationsgelübde nicht brechen.

Jesus baut seine Kirche

Die »heilige christliche Kirche, die Gemeinschaft der Heiligen«, an die wir glauben, ist nicht unser Werk. Jesus selbst baut seine Gemeinde. Wir werden als lebendige Steine in das Haus Gottes eingebaut (vgl. 1. Petrus 2,5). Und wir dürfen Gottes Mitarbeiter sein. Das ist eine Gnade Gottes, sie gibt uns aber auch große Verantwortung, wie Paulus im ersten Korintherbrief schreibt. Da vergleicht er den Bau der Gemeinde mit der Arbeit des Landwirtes, der einen Acker bestellt, und mit dem Bau des Tempels Gottes:

> »Was ist nun Apollos? Was ist Paulus? Diener sind sie, durch die ihr gläubig geworden seid, und das, wie es der Herr einem jeden gegeben hat: Ich habe gepflanzt, Apollos hat begossen; aber Gott hat das Gedeihen gegeben. So ist nun weder der etwas, der pflanzt, noch der begießt, sondern Gott, der das Gedeihen gibt. Der aber pflanzt und der begießt, sind einer wie der andere. Jeder aber wird seinen Lohn empfangen nach seiner Arbeit. Denn wir sind Gottes Mitarbeiter; ihr seid Gottes Ackerfeld und Gottes Bau. Nach Gottes Gnade, die mir gegeben ist, habe ich den Grund gelegt als ein weiser Baumeister; ein anderer baut darauf. Ein jeder aber sehe zu,

wie er darauf baut. Einen andern Grund kann niemand legen außer dem, der gelegt ist, welcher ist Jesus Christus. Wenn aber jemand auf den Grund baut Gold, Silber, Edelsteine, Holz, Heu, Stroh, so wird das Werk eines jeden offenbar werden. Der Tag des Gerichts wird es ans Licht bringen; denn mit Feuer wird er sich offenbaren. Und von welcher Art eines jeden Werk ist, wird das Feuer erweisen. Wird jemandes Werk bleiben, das er darauf gebaut hat, so wird er Lohn empfangen. Wird aber jemandes Werk verbrennen, so wird er Schaden leiden; er selbst aber wird gerettet werden, doch so wie durchs Feuer hindurch. Wisst ihr nicht, dass ihr Gottes Tempel seid und der Geist Gottes in euch wohnt? Wenn jemand den Tempel Gottes zerstört, den wird Gott zerstören, denn der Tempel Gottes ist heilig – der seid ihr.« (1. Korinther 3,5-17)

Wenn Christen sich versammeln wollen, müssen sie sich organisieren. Ort und Zeit müssen vereinbart werden. Das gemeinsame Leben erfordert viele praktische Verabredungen. Bei diesen organisatorischen Aufgaben möchten sich die Christen vom Wort Gottes und vom Geist Gottes leiten lassen. Aber in jeder Gemeinschaft regen sich auch persönliche Interessen, Vorlieben, Gewohnheiten und Machtansprüche. Wir bleiben Sünder, solange wir leben, und das wirkt sich auch im Leben der Gemeinden aus.

Evangelische Landeskirchen oder freikirchliche Organisationen brutto als Leib und Gemeinde des Jesus Christus anzusehen, das ist nach der Bibel theologisch unhaltbar. Kirchliche Organisationen sind Baugerüste, von denen aus das Haus Gottes aus lebendigen Steinen gebaut wird. Hoffentlich taugen sie dazu. Paulus warnt und droht: »*Wenn jemand den Tempel Gottes zerstört, den wird Gott zerstören, denn der Tempel Gottes ist heilig – der seid ihr.*«

Auch in den Landeskirchen baut Jesus Christus seine Gemeinde. Das ist nicht nur meine Erfahrung. Das bleibt meine Überzeugung und Hoffnung. Dabei dürfen wir mitwirken. Das ging bisher. Wir schauen auf eine reiche Segensgeschichte zurück. Zu dieser Segensgeschichte gehört die Reformation der Kirche im 16. Jahrhundert (Martin Luther, Huldrich Zwingli, Johannes Calvin und viele andere). Dazu gehören die Aufbrüche des frühen Pietismus im 17. und 18. Jahrhundert (Philipp Jakob Spener, Johann Albrecht Bengel, August Hermann Francke, Nikolaus Ludwig Graf von Zinzendorf) und der Erweckungsbewegungen im 19. und 20. Jahrhundert.

Wird auch in Zukunft in den evangelischen Kirchen Gemeinde des Jesus Christus gebaut? Warum nicht? Wir hoffen es, beten dafür und arbeiten dabei mit. Ich will im folgenden Teil dieses Buches Möglichkeiten beschreiben. Ich habe sie an verschiedenen Orten beobachtet, in Berichten davon erfahren und hier und da selber erlebt. Ich kann aus meiner begrenzten Sicht nur einen Teil der reichen Möglichkeiten beschreiben. Ich verzichte darauf, Beispiele aus der gemeindlichen Praxis mit Orten, Zeiten und Namen zu nennen. Ich beschreibe verallgemeinernd. Aber hinter den Beschreibungen stehen Erfahrungen und Beobachtungen. Die Leser mögen entscheiden, was für sie erhellend, anwendbar und hilfreich ist.

Gottesdienste

Ich kann mir keinen Sonntag ohne Gottesdienst vorstellen. Die Christen feierten in der Anfangszeit jeden Tag Gottesdienste, nicht nur am Sonntag. Sofern sie Juden waren, feierten sie den Sabbat, wie es heute die messianischen Juden auch in Deutschland tun. Am Sonntag feierten sie die Auferstehung des Herrn Jesus. Da es im Römischen Reich bis zum Jahr 321 n. Chr. keine wöchentlichen, arbeitsfreien Feiertage gab und viele Christen als Sklaven nicht über Freizeit verfügten, fanden die Gottesdienste oft früh vor Tau und Tag statt. Sie waren Grundlebensmittel, nicht Freizeitgestaltung.

Wo und wann es Christen gab und gibt, wurden und werden Gottesdienste gefeiert – in vielen Formen der jeweiligen Kultur entsprechend.

Im Medienzeitalter kamen Rundfunk- und Fernsehgottesdienste dazu. Sie sind ein Segen, weil viele Menschen wegen Krankheit und Alter den Weg in die Kirchen und Gemeindehäuser nicht gehen können. Aber sie sind kein Ersatz für Menschen, die sich auch zum Treffpunkt der Gemeinde bewegen können. Jesus hat die besondere Verheißung seiner Gegenwart gegeben, wenn sich zwei oder drei in seinem Namen versammeln. Wer meint, diese Zusage nicht in Anspruch nehmen zu müssen, wird Schaden in seinem Glauben und Leben nehmen.

Jesus hat die besondere Verheißung seiner Gegenwart gegeben, wenn sich zwei oder drei in seinem Namen versammeln. Wer meint, diese Zusage nicht in Anspruch nehmen zu müssen, wird Schaden in seinem Glauben und Leben nehmen.

Wo der lebendige Gott gegenwärtig ist, werden wir nicht ohne Hilfe und Segen bleiben. Die gemeinsamen Gebete und Lieder stärken uns. Durch die Lesung und Auslegung der Bibel redet Gott selbst zu uns. Die Feier des Mahles des Herrn vergewissert uns. Die Begegnung mit anderen Christen ermutigt, fordert heraus oder korrigiert. Ich kann das für mich voll und ganz bestätigen. Gilt das für alle Christen? Ich hoffe doch. Aber ich will nicht so tun, als ob Christen keine Schwierigkeiten mit den Gottesdiensten hätten.

Ich habe den Eindruck, an vielen Orten ist Bewegung in die Gemeinden gekommen, was die Gottesdienstzeiten angeht. Gottesdienste werden am Sonntagvormittag und am Sonntagabend, am Samstagabend und an Wochentagen gefeiert. Mancherorts gibt es Frühgottesdienste. Nicht viele Gemeinden bieten an jedem Samstag und Sonntag mehrere Gottesdienste zu verschiedenen Zeiten an. Das war früher durchaus üblich. Es wäre heute dringend nötig, wenn man die Arbeitszeiten der Menschen berücksichtigt.

Krankenschwestern, Pfleger, Beschäftigte in Hotels und Gaststätten, Schichtarbeiter haben oft keine Chance, wenn es nur einen Gottesdienst am Sonntag gibt. In Städten jedenfalls kann es ein reicheres Angebot geben. Im ländlichen Bereich sind nicht selten mehrere Dörfer mit eigenen Kirchen zu einer Gemeinde zusammengefasst. Viele fleißige Pfarrer predigen in drei Gottesdiensten in verschiedenen Dörfern. Die Gemeindeglieder sind oft kaum zu bewegen, zum Gottesdienst ins Nachbardorf zu fahren.

In aktiven Gemeinden hat sich das sogenannte »Zweite Programm« durchgesetzt. Neben dem Hauptgottesdienst mit der normalen Gottesdienstordnung gibt es um die Mittagszeit oder abends einen Gottesdienst in anderer Form. Musikgruppe anstatt Orgel, neuere Lieder, persönliche Lebensberichte, Pastor ohne Talar.

Nicht in allen Gemeinden sind zwei Gottesdienstangebote an jedem Sonntag möglich. Manche fürchten dadurch auch eine Spaltung der Gemeinde, die sie auf jeden Fall vermeiden möchten. Da gibt es vieles zu bedenken. Vor allem aber müssen wir über das Verhältnis von Evangelium und Kultur nachdenken.

Verschiedene Kulturen gibt es nicht nur zwischen Afrikanern, Asiaten und Europäern, obwohl diese Kulturen auch im deutschsprachigen Europa heute enger beieinanderleben. Es gibt auch die unterschiedlichen Kulturen der Älteren und der Jüngeren. Selbst unter jungen Leuten herrschen scharfe Abgrenzungen zwischen verschiedenen Jugendkulturen, die am Musikstil und an der Kleidung auszumachen sind. Was die Musik angeht, unterscheiden sich auch bei der älteren Generation die Menschen, deren Geschmack durch die kommerzielle Unterhaltungsmusik bestimmt ist, von den Liebhabern klassischer Musik. Es kann nicht der Sinn der Gottesdienste sein, die einen oder anderen jeweils kulturell zu erziehen. Wenn in einem Gemeindegottesdienst immer klassische Orgelmusik ertönt, werden deren Liebhaber ergötzt, deren Verächter aber wegbleiben. Wenn immer eine Band spielt und nur neue Anbetungslieder gesungen werden, ist die gleiche Reaktion die Folge. Allerdings sind Liebhaber und Verächter jeweils andere Leute. Oft wird ein Kompromiss durch behutsame Mischung der Lieder gesucht. Das gelingt auch, wenn die Verantwortlichen mit Liebe, Weisheit und Geduld vorgehen.

Wenn neue Lieder mit Bedacht und Liebe eingeführt werden, wird bei allen die Bereitschaft geweckt, sie mitzusingen.

Ältere Christen freuen sich, wenn junge Leute regelmäßig die Gottesdienste mitfeiern. Wenn neue Lieder mit Bedacht und Liebe eingeführt werden, wird bei allen die Bereitschaft geweckt, sie mitzusingen. Gemeinden freuen sich über internationale Brüder und Schwestern in ihren Gottesdiensten. Wenn man den Einheimischen, die selber keine internationalen Erfahrungen gemacht haben, erzählt, wie anstrengend es sein kann, sich immer nur in einer Fremdsprache verständigen zu müssen, und wie wohltuend es wirkt, mal ein Lied in der vertrauten englischen Sprache zu singen, wird Verständnis für ein oder zwei englische Lieder im Gottesdienst geweckt. Eine Übersetzung sollte in solchen Fällen immer angeboten werden. Sonst wird denen, die kein Englisch beherrschen, die Botschaft vermittelt: Wenn ihr das nicht versteht, seid ihr hier nicht wichtig und richtig. Das ist verletzend, auch wenn es nicht beabsichtigt ist. Es gilt der Grundsatz des Paulus: »*Ich bin allen alles geworden, damit ich auf alle Weise etliche rette*« (1. Korinther 9,22).

Kirchenkaffee, Begegnungen und Gespräche nach den Gottesdiensten sind in vielen Gemeinden inzwischen selbstverständlich.

Gute Kinderprogramme – parallel zum Gottesdienst – sind besondere Kostbarkeiten in lebendigen Gemeinden. In den letzten dreißig Jahren hat es dafür viele gute Beispiele und Anregungen gegeben – auch durch die Kongresse der Willow-Creek-Gemeinde, USA. Ich beobachte, dass junge Eltern sich sehr stark mit der Frage beschäftigen, was sie ihren Kindern als Lebenshilfe und Orientierung mitgeben können. Sie spüren stärker als frühere Generationen, dass neben Familie und Schule viele andere Miterzieher Einfluss auf ihre Kinder nehmen. Und diese Einflüsse können die Eltern weniger als früher kontrollieren. Das macht Angst und Sorgen. Wenn Kinder gern an interessanten Programmen mit Liedern, biblischen Geschichten und Spielen teilnehmen, fühlen sich Eltern unterstützt. Sie kommen schon wegen ihrer Kinder in die Gottesdienste und lassen sich auch selbst bewegen, auf das Wort Gottes zu hören.

Nicht in jeder Gemeinde gibt es die gleichen Begabungen bei ehrenamtlichen und hauptamtlichen Mitarbeitern. Nicht jede Gemeinde kann in allen Altersgruppen und sozialen Gruppen hilfreiche

Angebote machen. Das muss auch nicht sein. Gemeinden können sich mit ihren Angeboten ergänzen. Solche Zusammenarbeit setzt voraus, dass die Gemeinden in Inhalt und Zielsetzung ihrer Arbeit übereinstimmen. Hier geht es nicht um Formen, sondern um die biblisch-theologischen Inhalte.

Steine statt Brot?

Was ich im zweiten Kapitel an Nöten und Konflikten in den Kirchen beschrieben habe, wirkt sich in den Ortsgemeinden aus. Die Pfarrer bringen ihre unterschiedlichen, oft sogar gegensätzlichen theologischen Überzeugungen mehr oder weniger deutlich ein. Das merken die Gemeindeglieder an den Predigten und in der Seelsorge. Ich rede jetzt nicht von geringfügigen Unterschieden in den theologischen Akzenten. Es geht um die Grundfragen, die wir in diesem Buch bereits behandelt haben: Ist die Bibel Gottes Wort? Ist Jesus tatsächlich auferstanden? War sein Grab leer? Wurde Jesus von der Jungfrau Maria geboren? Trug Jesus am Kreuz stellvertretend für uns das Gericht Gottes? Gelten die Gebote Gottes heute? Wird Jesus wiederkommen zur Auferweckung der Toten, zum Weltgericht und zur Erschaffung des neuen Himmels und der neuen Erde?

Der Journalist Thomas Thiel schrieb in der Frankfurter Allgemeinen Zeitung einen Artikel zum Thema *Man scheue die nihilistischen Herausforderungen nicht*[58] und setzte in den Vorspann die These: *»Das Christentum hat sich von der Wahrheit verabschiedet.«* Dann schrieb er:

»Zentrale christliche Glaubensinhalte wie die Menschwerdung und Auferstehung Gottes haben in diesem Prozess eine metaphorische [bildliche, UP] Bedeutung bekommen, ohne dass dies mit dem ausdrücklichen Verzicht auf ihre Wahrheit verbunden wäre. Wer sich als Christ in Europa auf die verbindliche Wahrheit religiöser Gebote beruft, wird aber an die Ränder des religiösen Feldes, in Freikirchen und Sekten, abgedrängt. Welcher christliche Theologe glaubt wirklich – und es kann ja sein –, dass Jesus am dritten Tage auferstanden ist?« Und dann: »Das europäische Christentum hat auf den Fortschritt der Wissenschaft mit der Akzentverschiebung von der biblischen Kosmologie zur individuellen Selbstdeutung reagiert.«

Die meisten Theologen werden die Gottesdienstgemeinde nicht schroff damit konfrontieren, was sie alles nicht glauben. Sie sind trainiert darin, in ihren Predigten erbauliche Bedeutungen für unser Leben zu verkünden, auch wenn sie die biblischen Texte für historisch unzuverlässig halten. Sie lassen dann und wann erkennen, dass es gar nicht darauf ankomme, dass die biblischen Berichte und die Aussagen des Glaubensbekenntnisses wörtlich zu nehmen seien.

Viele Gemeindeglieder hören sich solche Predigten geduldig an und deuten sie zum Guten. Sie wollen nicht richten und verurteilen, vor allem wenn der Pfarrer menschlich nett ist. Sie wollen nicht unterstellen, dass hier das Gegenteil von der biblischen Botschaft vertreten wird. Sie stellen im besten Fall verwundert Fragen. Sie erhoffen sich Klärung. Sie lesen die Bibel und nehmen den offenkundigen Widerspruch zwischen Bibeltext und Verkündigung wahr. Wie lange hält man das durch?

Es gibt viele treue, betende Gemeindeglieder, die Pfarrer mit wechselnden Theologien haben kommen und gehen sehen. Sie hoffen auf bessere Zeiten – und auf den Himmel. Andere halten den Konflikt auf die Dauer nicht aus. Sie haben täglich und wöchentlich Herausforderungen in Familie und Beruf zu bewältigen. Sie erhoffen sich in der Gemeinde und in den Gottesdiensten Stärkung. Sie leiden stattdessen unter den Konflikten. Sollen sie schweigen, um Ärger zu vermeiden? Manche haben sich in Presbyterien (Kirchengemeinderäten) zerrieben und sind erschöpft. Die Hauptamtlichen sitzen in der Regel am längeren Hebel. Ich bewundere die Geduld vieler Gemeindeglieder. Ich habe nicht das Recht, sie zu kritisieren.

Aber ich sehe keinen Grund, solchen Gemeindegliedern zu sagen, sie müssten um jeden Preis in ihrem Gemeindebezirk bleiben. Sie möchten es ja in der Regel. Aber sie sagen: »Wir bekommen Steine statt Brot. Davon können wir auf die Dauer nicht leben.« Nein, sie müssen das nicht auf die Dauer ertragen. Ich gebe zu bedenken, dass sie falsche Lehre unterstützen, wenn sie schweigen und nicht widersprechen. Wenn ihr Widerspruch nicht gehört wird, haben sie das Recht, sich eine Gemeinde zu suchen, in der die biblische Botschaft in Wahrheit verkündet wird.

Tatsache ist, dass heute manche die Gemeinden wegen persönlichen Ärgers oder wegen irgendwelcher Äußerlichkeiten wechseln. Das darf man wohl infrage stellen. Aber es darf nicht erwartet werden, dass Christen eine falsche Lehre ertragen, die den Glauben und die Gemeinde zerstört. Nicht alle haben die Kraft zu widersprechen. Das ist aber kein Grund, dass sie durch schweigendes Aushalten unterstützen, was sie eigentlich nicht billigen. Ja, wer schweigt, fördert, was im Gange ist. Und auch in den Kirchen wird gern mithilfe der schweigenden Mehrheit regiert.

Gott sei Dank sind wir eine mobile Gesellschaft. Lasst uns die Gemeinden stärken, in denen das Evangelium entsprechend der

Bibel und den Bekenntnissen verkündet wird. Die Kirchenordnungen sehen in der Regel sogar die Möglichkeit vor, dass Mitglieder sich ganz offiziell in eine andere Kirchengemeinde ummelden können.

Personalgemeinden und Profilgemeinden

Lebendige Kirchengemeinden haben immer eine erkennbare Prägung. Sie haben ein Profil. Trotz der theologischen Wiederentdeckung des Priestertums aller Gläubigen in der Reformation sind die evangelischen Kirchen Pastorenkirchen geblieben. Deshalb haben die Pastoren starken Einfluss auf dieses Profil.

Weise Kirchenleitungen haben in der Vergangenheit darauf geachtet, dass Gemeinden, die vom Pietismus und der Erweckungsbewegung geprägt waren, auch Pfarrer bekamen, die theologisch und praktisch dieses Profil unterstützen konnten. Der Einfluss der Ortsgemeinde und der Kirchenleitung auf die Besetzung der Pfarrstellen ist in den evangelischen Kirchen unterschiedlich geregelt. Die Kirchengemeinden haben in der Regel ein Wahlrecht. Die Kirchenleitungen können mal mehr, mal weniger Einfluss auf die Besetzung nehmen. Ich will hier darauf verzichten, die unterschiedlichen rechtlichen Regelungen zu beschreiben. Darüber kann man sich in jeder Landeskirche schnell informieren.

Es hat die Versuche gegeben, zu starke und zu dauerhafte pietistische (heute sagt man meist evangelikale) Prägungen zu verhindern. Dann wurden Befürworter bibelkritischer Bibelauslegung in solche Gemeinden gesetzt. Die Kirchenleitungen beteuern in der Regel, dass alle unterschiedlichen »Frömmigkeitsstile« ihren Raum in der Kirche haben sollen. Aber man spürt immer wieder die Bemühungen, die Unterschiede zu nivellieren. Das kommt schon dadurch zum Ausdruck, dass man von unterschiedlichen »Frömmigkeitsstilen« spricht. Stilfragen sind aber Formfragen. Ob Gottesdienste einem strengen liturgischen Ablauf folgen oder spontane Elemente wie persönliche Lebensberichte und neuere Lieder verschiedener Musikstile enthalten, ist eine Frage des Frömmigkeitsstils. Aber ob der Pfarrer in der Predigt sagt, das Grab von Jesus sei nach der Auferweckung wirklich leer gewesen, oder ob er sagt, darauf komme es nicht an, ist keine Stilfrage, sondern ein inhaltlicher, theologischer Gegensatz.

Leider kann mit dem Pfarrerwechsel auch eine völlig andere Theologie die Verkündigung und Seelsorge in einer Gemeinde bestimmen. Wenn ein Kirchengemeinderat sich nicht einig ist oder die theologischen Ansichten des Kandidaten nicht durchschaut, ist schnell eine weitreichende, schädliche Personalentscheidung getroffen.

Ob der Pfarrer in der Predigt sagt, das Grab von Jesus sei nach der Auferweckung wirklich leer gewesen, oder ob er sagt, darauf komme es nicht an, ist keine Stilfrage, sondern ein inhaltlicher, theologischer Gegensatz.

Es war in den Landeskirchen schon in der Vergangenheit durchaus möglich, die Gemeinden nicht dem unsicheren Lauf der Pfarrbesetzungsgeschichte zu überlassen. Stattdessen wurden sogenannte Richtungsgemeinden oder Profilgemeinden in der kirchenrechtlichen Form der Personalkirchengemeinden gebildet. Wo der Wille dazu vorhanden ist, finden die Kirchenjuristen immer Wege. Ein altes Beispiel ist die Personalkirchengemeinde Frankfurt-Nordost. Sie wuchs aus dem Verein für Diakonie und Mission, der 1887 von Carl de Neufville (1849–1938) gegründet wurde. Man baute 1889 ein Vereinshaus für damals 1 000 Menschen an der heutigen Wingertstraße im Frankfurter Norden. Im Jahr 1930 wurde durch den

Verein die Personalgemeinde Nord-Ost gegründet. Die Mitglieder entscheiden persönlich, dass sie zu dieser Gemeinde gehören wollen – unabhängig von ihrem Wohnort.

Auf der Internetseite dieser Gemeinde liest man:[59] »*Die Nord-Ost-Gemeinde ist Teil der EKHN (Evangelischen Landeskirche von Hessen-Nassau) und auch Mitglied im Evangelischen Gnadauer Gemeinschaftsverband und der Evangelischen Allianz Deutschland. Wir sehen unsere besondere Verantwortung für Frankfurt und Umgebung. Evangelisation und Gemeinschaftspflege sind dabei zwei wichtige Grundpfeiler unseres Engagements.*«

In anderen Landeskirchen gibt es andere Beispiele aus früherer und neuerer Zeit. In der Bremischen Evangelischen Kirche hat jede Gemeinde ihr eigenes Bekenntnis und alle Menschen können wählen, in welcher Gemeinde sie Mitglied sein wollen. Interessanterweise gibt es gerade dort starke Kirchengemeinden, die mit unterschiedlichen Akzenten evangelikal geprägt sind.

In dem »Impulspapier des Rates der EKD« von 2006 *Kirche der Freiheit – Perspektiven für die evangelische Kirche im 21. Jahrhundert* wurde die Vermehrung von Profilgemeinden sogar als ein Ziel für die zukünftige Entwicklung der evangelischen Kirchen dargestellt.

Unter den verschiedenen Profilen wurden auch Gemeinden mit evangelikalem, missionarischem Profil genannt. In der Zielformulierung für 2030 lesen wir:

»Eine größere Vielfalt von Gemeindeformen ist für die evangelische Kirche ein sinnvoller Weg, um ihre Vitalität und ihre Wachstumskräfte zu stärken. Dieses Anliegen sollte durch rechtliche Regelungen und Finanzordnungen gefördert werden. Eine größere Vielfalt der Gemeindeformen ist nur möglich, wenn die Finanzverteilung an die Gemeinden nicht allein an den Status der Ortsgemeinde gebunden ist.«[60]

Unter Profilgemeinden werden in dieser Schrift auch ziemlich verwegene Formen genannt. Zum Beispiel »*Medien-Gemeinden, die sich durch die öffentlichen Äußerungen leitender Geistlicher, durch Fernsehübertragungen von Gottesdiensten oder durch das › Wort zum Sonntag‹, durch Radiogottesdienste und Radioandachten oder andere Formen sowie durch das Internet bilden*«[61]. Immerhin werden auch geistliche Richtungsgemeinden genannt. In den Bedingungen, die für solche Gemeinden genannt werden, spürt man allerdings die Angst vor dem kritischen Potenzial, das in ihnen liegt:

>»Eine gesamtkirchliche Einbindung ist auch für geistliche Richtungs- oder Migrantengemeinden notwendig, in denen sich Menschen mit einem speziellen Frömmigkeitsstil oder mit einer gemeinsamen Herkunft sammeln (beispielsweise charismatisch orientierte Gemeinden, russlanddeutsche Gemeinden oder fremdsprachige Gemeinden). Vorausgesetzt ist, dass solche Gemeinden sich selbst der Gemeinschaft der Evangelischen Kirche in Deutschland zuordnen, die Vielfalt der Frömmigkeitsformen im Protestantismus mittragen, öffentliche Gottesdienste anbieten und Visitationen erlauben.«[62]

Hier muss noch einmal gesagt werden: Es ist ein Vergnügen, dass wir »die Vielfalt der Frömmigkeitsformen im Protestantismus mittragen«. Wir freuen uns daran, dass Gottesdienste mit feierlicher Liturgie und Bachkantaten und woanders mit Gospel- und Popmusik und spontanen Elementen gefeiert werden, dass die eine Gemeinde stärker in der Diakonie, eine andere mehr in der Evangelisation, eine mehr in der Jugendarbeit, eine andere mehr in der Arbeit mit Senioren engagiert ist. Wir schätzen es, dass die eine Kirche stärker bischöflich verfasst ist, die andere mehr presbyterial auf die Gemeinschaft von Brüdern und Schwestern ausgerichtet ist. Pluralität ist purer Reichtum. Aber einen Pluralismus, in dem auf der einen Seite die Auferweckung Jesu oder seine Wiederkunft zum Weltgericht geleugnet und auf der anderen Seite beides freudig bejaht wird, kann man höchstens geduldig erleiden, aber nicht zustimmend mittragen. Hier erweist sich wieder als sehr nachteilig, dass die Wahrheitsfrage und die Frage nach den Inhalten des Glaubensbekenntnisses in der ganzen Debatte über die Gestaltung der Kirche tabuisiert werden.

Die Evangelische Kirche im Rheinland hat auf ihrer Landessynode 2017 erfreulicherweise beschlossen, dass sich solche Gemeinden bilden können. Sogar ihre Kirchensteuern sollen die Kirchenmitglieder, die sich den Personalgemeinden anschließen, dorthin mitbringen können. Natürlich gab es auch Widerstand gegen die Eröffnung dieser Möglichkeit. »*Wenn Kirchenmitglieder künftig selbst bestimmen könnten, welche Gemeinde ihren Kirchensteueranteil bekomme, drohe ein ›Wettbewerb um Finanzmittel‹, in dem etwa diakonisch ausgerichtete Gemeinden das Nachsehen hätten.*« So wird ein Kritiker in der Presse zitiert.[63]

Man kann nur hoffen, dass diese Möglichkeit auch in anderen Landeskirchen eröffnet und dass sie von evangelikalen Christen genutzt wird. Leicht wird es nicht sein. Wer solche Gemeinden gründen will, muss die Zustimmung von kirchlichen Gremien gewinnen. Die Hürde ist nicht leicht zu nehmen. Insgesamt hält sich die Begeisterung für besondere Ausprägungen in Grenzen. Kirchliche Experten haben festgestellt, dass zu viel Profil schädlich sein könnte. Da der größte Teil der Kirchensteuerzahler mit der Kirche nicht direkt etwas zu tun hat und auch nicht haben

will – bis auf die Dienstleistungen bei Taufe, Trauung und Beerdigung –, könnten zu scharfe Profile auch abschrecken. Im Vorwort
der 5. EKD-Mitgliederstudie (2015) lesen wir:

»Das Grundziel der stärkeren geistlichen Erkennbarkeit ist
dabei zu beziehen auf die volkskirchliche Notwendigkeit, eine
Vielzahl von unterschiedlichen Profilen aufrechtzuerhalten
und miteinander zu vernetzen. Nur durch eine solche Vermittlung lässt sich verhindern, dass die Gesamtkirche von
einem bestimmten Profil dominiert wird und dadurch (unabhängig von der konkreten inhaltlichen Ausrichtung) große
Gruppen ihrer Mitglieder nicht zu integrieren vermag. Eine
in ihren Angeboten, Sprachformen und Frömmigkeitsstilen
vielgestaltige Kirche hat das Potenzial vielfältiger Bindungs-
kräfte. Kirchenleitendes Handeln wird dieses Potenzial vor
allem dann entfalten können, wenn es gelingt, einerseits die
Unterschiede der Profile nicht zu Gegensätzen werden zu
lassen, sondern miteinander zu vernetzen, und andererseits
die Vielfalt der Profile nicht zur Blässe einer unverbindlichen
Pluralität verkommen zu lassen.«[64]

Das muss man sich auf der Zunge zergehen lassen – wenn man es
erst mal verstanden hat. Einerseits sollte die Kirche ja irgendwie
erkennbar sein, also ein Profil haben. Aber da die Mitglieder ja alles
Mögliche und auch das Gegenteil davon glauben und wollen, darf
kein Profil zu stark werden. Der Kunde ist König. Der Supermarkt
Kirche bietet den unterschiedlichen Kunden, was sie suchen. Aber
sie sollen möglichst nicht durch Angebote verschreckt werden, die
sie total abstoßend finden. Die Theken mit den Angeboten müssen
eben geschickt platziert werden. Die Unterschiede sollen nicht zu
Gegensätzen werden. Irgendwie sollen die Atheisten es nicht als

Gegensatz empfinden, dass in der Kirche auch Leute überzeugt sind, dass Gott lebt.

Schon die skeptischen bis abweisenden Reaktionen in den Mitgliedskirchen auf die Reformvorschläge von 2006 (*Kirche der Freiheit*) zeigten, dass man sich die Dinge nicht zu einfach vorstellen darf. Die kirchliche Feuerwehr hat erst einmal dafür gesorgt, dass die zwölf Leuchtfeuer aus *Kirche der Freiheit* nicht zu sichtbar loderten. Manches Feuerchen schwelt nur noch vor sich hin. Trotzdem hoffe ich, dass dauerhaft mehr Raum für die kontinuierliche Gestaltung von evangelikalen Richtungsgemeinden geschaffen und bewahrt werden kann. Wenn dieser Raum eingeengt wird, ist es unvermeidlich, dass die engagierten Evangelikalen mehr und mehr den freikirchlichen Weg wählen werden.

Luthers drei Formen des Gottesdienstes

Weil gerade das 500-Jahre-Jubiläum die Reformation ins öffentliche Bewusstsein gehoben hat, sollten wir deren Entdeckungen nicht völlig vergessen. Die wichtigen Aussagen Luthers über die Gottesdienstformen haben noch heute eine erhebliche Dynamik. In seiner *Vorrede zu: Deutsche Messe und Ordnung Gottesdiensts* von 1526 hat Luther drei Formen empfohlen. Erstens will er den Gottesdienst in lateinischer Sprache ausdrücklich nicht abschaffen.

Latein hatte damals ungefähr die Bedeutung wie heute die englische Sprache.

Die zweite Form war der Gottesdienst in deutscher Sprache, für den Luther mit seiner Schrift eine Ordnung veröffentlichte. Er hatte damit evangelistische Absichten:

»Aber um derjenigen willen muss man solche Ordnungen haben, die erst noch Christen werden oder es stärker werden sollen. Allermeist aber geschieht es um der Einfältigen und des jungen Volks willen, das täglich in der Schrift und Gottes Wort geübt und erzogen werden soll und muss, damit sie an die Schrift gewöhnt, geschickt, bewandert und kundig darin werden, ihren Glauben zu vertreten und andere mit der Zeit zu lehren und das Reich Gottes mehren zu helfen. Um dieser willen muss man lesen, singen, predigen, schreiben und dichten, und wenn es hilfreich und erforderlich dafür wäre, wollte ich mit allen Glocken dazu läuten und mit allen Orgeln pfeifen und alles klingen lassen, was klingen kann.«[65]

Luther hatte übrigens eine sehr realistische Sicht der Menschen damals, die doch ausnahmslos als Kinder getauft worden waren. Er schreibt von den Gottesdiensten, »*dass sie öffentlich in den Kirchen vor allem Volk gehalten werden, worunter viele sind, die noch nicht glauben oder Christen sind, sondern die Mehrzahl steht da und gafft, dass sie auch etwas Neues sehen, gerade als ob wir mitten unter den Türken und Heiden auf einem freien Platz oder Feld Gottesdienst hielten*«[66]. So hat Luther von Gottesdienstbesuchern geschrieben. Heute würde es sicher als anmaßend kritisiert, den Glauben von Gottesdienstteilnehmern so drastisch infrage zu stellen. Luther tat es selbstver-

Es ist auch heute nicht hilfreich, jeden, der eine Kirche betritt und dort Platz nimmt, schon darum als Christen zu vereinnahmen, anstatt ihn durch klare biblische Verkündigung zum Glauben an Jesus Christus einzuladen.

ständlich. Es ist auch heute jedenfalls nicht hilfreich, jeden, der eine Kirche betritt und dort Platz nimmt, schon darum als Christen zu vereinnahmen, anstatt ihn durch klare biblische Verkündigung zum Glauben an Jesus Christus einzuladen.

Luther verstand also Gottesdienste in deutscher Sprache durchaus als evangelistische Veranstaltungen. Das konnte er, weil die Gottesdienste von vielen Menschen besucht wurden. Sie erreichten wirklich die Öffentlichkeit. Das kann man von den Sonntagsgottesdiensten heute nicht sagen. Wenn von dreitausend Gemeindemitgliedern dreißig bis hundert an einem Gottesdienst teilnehmen, ist das keine große Öffentlichkeit. Wir sahen, dass im Durchschnitt 4 Prozent der Mitglieder der evangelischen Kirchen in einem Gottesdienst zu finden sind. In den großen Städten ist es kaum ein Prozent.

Wir können sehr wohl eine größere Öffentlichkeit erreichen, wenn Gemeinden in evangelistischen Projekten zusammenarbeiten und durch gemeinsame, öffentliche und persönliche Werbung Menschen einladen. Wir haben in mehr als zwanzig Jahren in dieser Hinsicht überraschende Erfahrungen in der ProChrist-Arbeit machen können. Ich bin überzeugt, dass die Chancen dafür weiter gegeben sind. Auch hier möchte ich betonen: Es geht bei öffentlichen evangelistischen Veranstaltungen nicht primär um Formen und Methoden, sondern um klare Inhalte. Also, Luthers Anliegen des öffentlichen Anreizes zum Glauben durch verständliche Verkündigung des Wortes Gottes bleibt wichtig.

Erstaunlich ist nun aber, was Luther von der dritten Art des Gottesdienstes schreibt:

»die die richtige Art der evangelischen Ordnung haben sollte, dürfte nicht so öffentlich auf dem Platz geschehen unter

allerlei Volk. Sondern diejenigen, die mit Ernst Christen sein
wollen und das Evangelium mit Hand und Mund bekennen,
müssten sich namentlich einschreiben und irgendwo in einem
Haus allein sich versammeln zum Gebet, zum Lesen, zum
Taufen das Sakrament zu empfangen und andere christliche
Werke auszuüben.«[67]

Luther sieht dort auch Seelsorge, Gemeindezucht und Diakonie
am richtigen Ort geübt. Man traut sich ja kaum, diese Sätze heute
öffentlich vorzulesen. Das klingt freikirchlich, mindestens pietis-
tisch-evangelikal und wurde ziemlich genau hundertfünfzig Jahre später von Philipp Jacob Spener in seiner Schrift *Pia desideria*
(1675) ähnlich formuliert. Es musste neu formuliert werden, weil
es in der Reformation nicht praktisch umgesetzt wurde. Im Pietismus wurde diese Vorstellung von Gemeinde dann ansatzweise
praktiziert, allerdings meistens gegen heftigen kirchlichen Widerstand. Dieser Widerstand ist bis heute zu spüren. Dass die Gründe
Luthers, die ihn abhielten, seine biblische Erkenntnis in die Praxis
umzusetzen, bis heute gelten sollen, mag man nicht für möglich
halten. Luther schrieb damals:

»Kurz, wenn man die Leute und Personen hätte, die mit
Ernst Christen zu sein begehren, so wären die Ordnungen
und Weisen bald gemacht. Aber ich kann und mag eine solche Gemeinde oder Versammlung noch nicht ordnen oder
einrichten. Denn ich habe noch nicht die Leute und Personen dazu. […] Inzwischen will ich es bei den besagten zwei
Arten bleiben lassen und öffentlich unter dem Volk diesen
Gottesdienst, um die Jugend einzuüben und die anderen zum
Glauben zu rufen und anzureizen, neben der Predigt fördern helfen, bis die Christen, die mit Ernst das Wort im Sinn

haben, sich selbst zusammenfinden und gegenseitig anhalten, damit nicht eine Rotterei daraus werden, wenn ich es aus meinem Kopf dahin bringen wollte. Denn wir Deutschen sind ein wildes, rohes, wahnsinniges Volk, mit dem nicht leicht etwas anzufangen ist, wenn es nicht die höchste Not dazu treibt.«[68]

Ob der letzte Satz ein Beitrag zur Formulierung deutscher Leitkultur sein könnte? Jedenfalls hat sich Luthers Angst über fünfhundert Jahre kirchenamtlich verfestigt. Selbstverständlich haben wir die Leute, die mit Ernst Christen sein wollen. Aber wenn ein Hausbibelkreis das Abendmahl feiert, ohne eine ordinierte Person dabeizuhaben – von Taufe ganz zu schweigen –, gilt das auch heute noch als eine »Rotterei«.

Es gibt unerledigte Aufgaben der Reformation. Ich sehe in den Kirchenleitungen nicht den zartesten Ansatz, die in Luthers Vorrede zur Deutschen Messe formulierte Aufgabe anzupacken. Im Gegenteil, ich habe den Eindruck, dass heutige Kirchenleitungen ganz bewusst diesen lutherischen Vorschlag nicht weiter verfolgen wollen. Ihre Zielrichtung scheint zu sein, das Christentum durch niedrigschwellige religiöse Dienstleistungen als Zivilreligion zu erhalten. Sie möchten, dass die Kirchen den sozialen Kitt liefern, weil die pluralistische Gesellschaft zu zerfallen droht. Deshalb in Glaubensfragen nur ja nicht eindeutig und zu missionarisch sein!
Wie schrieb Luther? »[...] bis die Christen, die mit Ernst das Wort im Sinn haben, sich selbst zusammenfinden und gegenseitig anhalten.« Das ist im Pietismus und in den Erweckungsbewegungen auch in Europa immer wieder geschehen. Die Neuansätze kamen nicht zustande, weil man Luthers vergessenen Vorschlag gelesen hätte, sondern weil man die Bibel las. Wer die Bibel liest, kann sich mit den bestehenden Verhältnissen in den Kirchen nicht abfinden.

Wir hören nicht auf, dafür zu beten, darum zu ringen und dafür zu arbeiten, dass Erneuerung in den Kirchen geschieht.

Hausbibelkreise sind nötig

Hausbibelkreise sind das Mindeste, was wir von Luthers Anregung in die Praxis übernehmen können. So weit ich sehe, haben fast alle lebendigen Gemeinden – ob landes- oder freikirchlich – ein Netzwerk von Hauskreisen. Der größere Organismus braucht die kleinen Zellen. Und es sind gerade große, missionarische Gemeinden, die systematisch solche Zellen fördern.

Diese Hauskreise gehen auf die Anregungen von Philipp Jakob Spener (1635–1705) und seine Reformschrift *Pia desideria* von 1675 zurück. In Württemberg erlaubte das sogenannte »Pietisten-Reskript« des herzoglichen Konsistoriums von 1743 die »Stunden«. Die Versammlungen durften nur am Sonntagnachmittag stattfinden und nicht länger als eine Stunde dauern. Ursprünglich waren auch höchstens fünfzehn Teilnehmer erlaubt.

In manchen Teilen Deutschlands stießen solche »Konventikel« auf heftigen Widerstand der Pfarrerschaft und der Kirchenleitungen. In Württemberg wurden sie von Gemeindegliedern, aber auch von Pfarrern gegründet und gefördert. Es waren Pfarrer, die meist durch den Bibelausleger und Prälaten Johann Albrecht Bengel (1687–1752) geprägt waren. Das Dorf Hülben auf der Schwäbischen Alb war und ist ein Zentrum des schwäbischen Altpietismus.

In einer kleinen Schrift über diese Bewegung gibt es eine originelle Kennzeichnung: »*Als ein ›Stunden-Bruder‹ aus der Nachbar-*

schaft von Hülben von einem Ortspfarrer gefragt wurde, wie er denn als Nicht-Studierter die Bibel auslegen könne, antwortete er: ›Herr Pfarrer, wir lesen Gottes Wort. Damit vergleichen wir dann unser Leben. Dabei entdecken wir einen großen Fehlbetrag. Über diesen Fehlbetrag reden wir!‹«[69]

Eine Gemeinde braucht solide Auslegung der Bibel in den Sonntagspredigten und Bibelabenden. Aber die Gemeindeglieder brauchen auch den überschaubaren Kreis, in dem sie ihre Fragen besprechen können. Es geht dabei nicht nur um das Verständnis des Bibeltextes, sondern auch um die Anwendung auf das eigene Leben. Wer Jesus nachfolgt, hat den Geist Gottes. Darauf begründet sich das allgemeine Priestertum aller Gläubigen. Wir dürfen damit rechnen, dass der Geist Gottes zu uns durch die Brüder und Schwestern redet.

> Wer Jesus nachfolgt, hat den Geist Gottes. Darauf begründet sich das allgemeine Priestertum aller Gläubigen. Wir dürfen damit rechnen, dass der Geist Gottes zu uns durch die Brüder und Schwestern redet.

Das gemeinsame Bibellesen hat einen ganz praktischen Nutzen. Jeder versteht das Gelesene auf seine Weise. Indem wir unsere Erkenntnisse vergleichen, entdecken wir Übereinstimmungen und Unterschiede. Der Austausch darüber hilft uns, genauer auf das Bibelwort zu hören. Der Schriftausleger Prof. Adolf Schlatter sprach davon, »den Seh-Akt zu üben«. Je intensiver wir auf das Wort Gottes sehen, desto klarer erkennen wir, was es uns sagt. In diesem Prozess wird Schritt für Schritt korrigiert, was wir an Vorverständnis in uns tragen und in den Text hineingelesen haben. Dadurch wird das Bibellesen spannend. Hinsehen, hinsehen, hinsehen! Dann setzt sich das Wort Gottes gegen unsere eigenmächtigen Erkenntnisse durch. Das Wort Gottes überrascht uns. Manchmal kommt es uns fremd vor. Wir sträuben uns dagegen, weil wir in unsere eigenen Gedanken verliebt sind. Öfter aber erleben wir eine befreiend neue Erkenntnis.

Hausbibelkreise werden auf sehr unterschiedliche Weise gestaltet. Gemeinsames Essen und Trinken können dazugehören. Lieder und Gebete werden ihren Raum haben. Die Leiter werden darauf achten, dass die persönlichen Anliegen der Teilnehmer zur Sprache kommen. Manche Hauskreise stellen sich Themen. Nichts dagegen. Aber auf die Dauer sollte die Bibel Grundlage des Gespräches sein. Durch das regelmäßige und gründliche Bibelstudium wächst der Glaube, und Christen werden urteilsfähig.

Es ist wichtig, dass solche Hauskreise mit Liebe und Weisheit geleitet werden. Nicht jeder hat die Fähigkeit dazu. Es ist die Hirtenaufgabe der Gemeindeleitung, die Gemeindeglieder mit den entsprechenden Begabungen zu finden und zu fördern. Nicht jeder drängt sich zur Übernahme von Verantwortung. Die Gemeindeleitungen haben die Aufgabe, begabte Mitglieder zu berufen und zu fördern, aber auch zu unterstützen. In größeren Gemeinden gibt es in der Regel ein Netzwerk von Hauskreisen. Die Gemeindeleitung sorgt dafür, dass die Hauskreisleiter ermutigt werden. Viele Kirchen und Gemeindebünde machen regionale Fortbildungsangebote. Es gibt schriftliches Material für Leiter und Teilnehmer von Hauskreisen. Man muss nicht immer und überall das Rad neu erfinden.

Ich habe eine Gemeinde vor Augen, in der es einen internationalen Hauskreis gibt. Er ist Anziehungspunkt für internationale Gäste, die beruflich oder wegen ihres Studiums, aber auch als Flüchtlinge und Migranten in der Stadt sind. Für die Leitung eines solchen Kreises ist sprachliche und interkulturelle Kompetenz nötig. Die gibt es heute in vielen lebendigen Gemeinden. Gemeinsames Essen und Singen und gemeinsames Bibelstudium schaffen eine inspirierende Gemeinschaft.

Natürlich gibt es bei Hauskreisen auch Gefahren und Fehlentwicklungen. Zellen brauchen die Verbindung zum Organismus, dessen

Teil sie sind. Wenn sie sich abkapseln, werden sie absterben. Es gibt auch Krebszellen, die dem Körper schaden. Ich bin Christen begegnet, die Hauskreisen nur mit großer Skepsis gegenüberstanden. Sie befürchteten die Abkapselung. Dieser Gefahr kann man wehren. Manche Gemeinden halten Hausbibelkreise im Wechsel mit zentralen, gemeinsamen Bibelabenden, in denen die Bibel im Vortrag auslegt wird. Auf jeden Fall sollte darauf geachtet werden, dass die Teilnehmer der Hauskreise auch im sonntäglichen Gemeindegottesdienst sind.

Hausbibelkreise können das tägliche Bibellesen der Mitglieder fördern. Gesundes Leben braucht gute Gewohnheiten. Für die körperliche Gesundheit sind regelmäßiges Essen, Trinken, Schlafen und Bewegen nötig. Das lernen wir als Kinder und üben ein Leben lang diszipliniert Regelmäßigkeit, wenn wir gesund bleiben wollen. Auch unser Leben mit Gott braucht solche Regelmäßigkeit – im Gebet, im Lesen des Wortes Gottes, in der Teilhabe am Gottesdienst und der Lebensgemeinschaft der Gemeinde, in der persönlichen Seelsorge, im Dienst innerhalb und außerhalb der Gemeinde. Das alles passiert nicht automatisch und schon gar nicht, wenn man es der Lust und Laune überlässt.

Ich habe den Eindruck, dass viele Christen nicht gelernt haben, regelmäßig täglich die Bibel zu lesen. Manche behaupten, das sei zwanghaft und gesetzlich, man solle das nur tun, wenn es sich spontan ergibt. Ich frage solche Leute gern, ob sie mit Essen und Trinken, Zähneputzen und sonstiger Körperpflege auch so unregelmäßig verfahren. Was für uns lebensnotwendig ist, brauchen wir regelmäßig. Überflüssigen Luxus natürlich höchstens dann und wann, wenn überhaupt.

Tägliches Bibellesen ist ein Grundnahrungsmittel für einen gesunden Glauben. Kaum einer kann jeden Tag spontan entscheiden, ob, wann und wie er die Bibel liest. Gute Gewohnheiten helfen. Am besten morgens, bevor das Tagesprogramm über einen hereinbricht. Aber wenn jemand zu einer anderen Tageszeit besser regelmäßig zur Stille findet, ist das auch gut. Und was Lust und Laune angeht – ich habe gelernt, dass ich Gottes Wort dann am nötigsten brauche, wenn ich keine Lust zum Beten und Bibellesen habe. Dann brauche ich das Reden meines Herrn, der die Blockierungen in mir wegräumt.

> Tägliches Bibellesen ist ein Grundnahrungsmittel für einen gesunden Glauben.

Am Ende dieses Abschnitts möchte ich noch einmal Philipp Jakob Spener und seine *Pia desideria* zitieren, die er 150 Jahre nach der Reformation schrieb:

> »Das ist doch ein Hauptzweck dagegen der Reformation
> gewesen, die Leute zu dem Worte Gottes, das fast unter der
> Bank versteckt gelegen ist, wiederum zu bringen. [...] Also
> wird auch eben dieses das vornehmste Mittel sein, das die
> Kirche bedarf, um in besseren Stand zu kommen, dass der
> Ekel vor der Schrift, der bei vielen ist oder die Nachlässigkeit,
> in ihr zu studieren, abgetan und hingegen herzlicher Eifer zu
> ihr erweckt wird.«[70]

Spener rät, die ganze Schrift zu lesen: »*Daher sollte alle Schrift ohne Ausnahme der Gemeinde bekannt sein.*« Es reichen nicht nur die Bibelabschnitte, die nach kirchlicher Ordnung sonntags gepredigt werden. Es reicht auch nicht nur der kurze »Schluck aus der Pulle«, morgens die zwei Bibelworte aus der Herrnhuter Losung, so kostbar diese Losungen mir und vielen anderen auch sind. Christen verlieren ihre Urteilsfähigkeit, wenn sie die Bibel nicht im Zusammenhang lesen. Das ist eine der großen Nöte der heutigen Christenheit.

Spener – selbst ein Kirchenleiter[71] – kannte die Enttäuschung an der Kirche, hatte aber Hoffnung für die evangelischen Kirchen: *»Sehen wir in die Heilige Schrift, so haben wir nicht zu zweifeln, dass Gott noch einen besseren Zustand seiner Kirchen hier auf Erden versprochen hat.«* Die Sehnsucht speist sich aus den Zusagen Gottes. Die Bibel gibt uns Besseres zu kosten, als wir gegenwärtig zum Essen vorgesetzt bekommen. Darum sind wir nicht zufrieden. Wir orientieren uns an den Zusagen des Wortes Gottes. Der Appetit nach Besserem wird durch die Bibel angeregt.

»Wir hoffen auf solche Erfüllung. Und doch ist das nicht genug, bis dahin zu warten und mit jenen – die Salomo Narren heißt – über dem Wünschen zu sterben. Vielmehr liegt uns allen ob, dass wir nicht säumig sind [...]«, schreibt Spener. Gehen wir die Schritte, die auch heute möglich sind!

Von Pfarrern und Presbyterien

Sicherlich können engagierte Gemeindeglieder einiges bewegen. Die Geschichte der treuen Beter ist noch nicht geschrieben, weil nur Gott sie wirklich kennt. Manche Veränderung zum Guten in einer Gemeinde hat jahrelange Fürbitte im Verborgenen zur Vorgeschichte. Aber trotz der Erkenntnisse der Reformatoren ist die Kirche leider keine Gemeindekirche geworden. Aus der römisch-katholischen Priesterkirche ist eine Pastorenkirche geworden. Es hängt viel von den Pastoren ab – leider zu viel. Aber die Pastoren sind in ein Leitungsgremium eingebunden, das in den verschiedenen Landeskirchen unterschiedliche Namen trägt: Presbyterium,

Kirchengemeinderat, Kirchenvorstand, Ältestenkreis. Ich trage im Folgenden einige Beobachtungen zusammen.

Wir brauchen Hirten, keine Mietlinge

Hauptamtliche Pfarrer[72] sind für die Existenz einer Gemeinde nicht grundsätzlich nötig. Es war aber von Anfang so, dass Gemeinden einzelne Mitarbeiter von ihrer Berufsarbeit zum Erwerb des Lebensunterhalts freigestellt haben. Den Gemeinden war es wichtig, dass begabte Mitarbeiter ihre Zeit und Kraft ganz für den Bau der Gemeinde einsetzen konnten. Wir wissen aus dem Neuen Testament, dass Paulus zum Teil für seinen Lebensunterhalt selbst gearbeitet hat. Er wollte dadurch seine Freiheit wahren und dem Missverständnis vorbeugen, dass er wegen materieller Vorteile predige und lehre. Er hielt es andererseits für berechtigt, dass Gemeinden ihre Mitarbeiter finanzierten (vgl. 1. Korinther 9,1-18).

Zu solchen vollzeitlichen Diensten wurden Menschen von den Gemeinden berufen. Die Verantwortlichen in den Gemeinden erkannten die Begabungen dieser Personen. Man wählte die vollzeitliche Tätigkeit nicht wie einen Job. Es war Gottes Berufung durch die Gemeinde. Diese Mitarbeiter – aber nicht nur die vollzeitlich tätigen – wurden unter Gebet und Handauflegung in ihren Dienst eingesetzt. Wir nennen das Ordination.

Gemeinden dürfen erwarten, dass nur solche Personen in diesen Dienst kommen, deren geistliche und persönliche Eignung festgestellt und bestätigt wurde. Das ist leichter gesagt als getan. Pastor heißt Hirte. Damit ist ein Maßstab gesetzt. Jesus hat gesagt: *»Ich bin der gute Hirte. Der gute Hirte lässt sein Leben für die Schafe. Der Mietling, der nicht Hirte ist, dem die Schafe nicht gehören, sieht den*

Wolf kommen und verlässt die Schafe und flieht – und der Wolf stürzt sich auf die Schafe und zerstreut sie –, denn er ist ein Mietling und kümmert sich nicht um die Schafe« (Johannes 10,11-13). Pastoren sind Mitarbeiter des guten Hirten Jesus. Das Besondere an diesem Dienst ist, dass Jesus seinen Mitarbeitern dient. Er beschenkt und versorgt sie, bevor sie anderen dienen. Darum ist die persönliche Vertrauensbeziehung der Pastoren zu Jesus ihre Energiequelle. Diese Beziehung lebt aus dem Gebet, dem Lesen der Bibel, der empfangenen Seelsorge in geschwisterlicher Gemeinschaft. Hier liegt bei vielen Hauptamtlichen eine große Not. Wenn die Bibel für Pastoren nur im dienstlichen Gebrauch eine Rolle spielt und nicht mehr die Quelle ist, aus der sie für sich selbst schöpfen, brennen sie schnell aus.

Der gute Hirte Jesus prägt aber auch den Dienst seiner Hilfshirten. Sie sollen nicht wie Mietlinge sein. Sie sollen nicht Leute sein, die ihren Job für Bezahlung oder zur Selbstverwirklichung machen. Es hat sich im Verständnis des Pastorendienstes in den letzten Jahrzehnten viel verändert. Ich will das nicht werten. Viele tun ihren Dienst in großer Treue und ganzer Hingabe für Jesus und seine Gemeinde. Jeder ist dafür vor Gott verantwortlich. Als es um Bewertung seines Dienstes ging – auch um Kritik an seinem Dienst –, hat Paulus geschrieben: *»Denn wir müssen alle offenbar werden vor dem Richterstuhl Christi, auf dass ein jeder empfange nach dem, was er getan hat im Leib, es sei gut oder böse«* (2. Korinther 5,10). Die Gemeindeglieder dürfen allerdings erwarten, dass ihre Hirten sich als Hilfshirten von Jesus verstehen.

Theologie kann man aus sehr verschiedenen Gründen studieren. Wer es auf die Liste der Theologiestudenten einer Landeskirche schafft, seine Examina und ergänzende Beurteilungsprozesse besteht, gelangt ins Pfarramt und ist schließlich lebenslang beamtet. Die Leser mögen ihre Pfarrer fragen, ob sie auf diesem Weg nach ihrem persönlichen Glauben gefragt worden sind. Eigentlich sollte man das voraussetzen. Ich habe ja schon früher in diesem Buch beschrieben, welchen Inhalt das Ordinationsgelübde hat, das jeder Pfarrer ablegt. Jede Gemeinde muss also davon ausgehen können, dass ihr Pfarrer hält, was er versprochen hat. Ich will hier nicht wiederholen, dass wir mit dem Inhalt dieses Ordinationsversprechens offenkundig heute Probleme haben. Inhaltliche Beurteilung des Glaubens ist ein Tabu in den evangelischen Kirchen. Ich schrieb schon darüber.

Es ist berechtigt, dass Kirchenleitungen nicht nur theologisches Wissen prüfen, sondern auch, ob jemand als Persönlichkeit für den Dienst in der Gemeinde geeignet ist. Nicht jeder ist in der Lage, den zu erwartenden Belastungen standzuhalten, mit sehr unterschiedlichen Menschen zu kommunizieren und zusammenzuarbeiten. Jahrzehntelang schienen theologische Positionen der Kandidaten bei diesen Auswahlprozessen keine Rolle zu spielen. Heute kann man zunehmend den Verdacht haben, dass aussortiert wird, wer eine kritische Einstellung zur historisch-kritischen Bibelauslegung hat. Nur ja keine Fundamentalisten! In letzter Zeit scheint mehr oder weniger offen kontrolliert zu werden, wie ein Kandidat zur Segnung gleichgeschlechtlicher Partnerschaften steht. Die Besorgnis besteht jedenfalls, dass dies versucht wird. Es verwundert einen nicht, denn die Kirchenleitungen haben ihre Positionen in dieser Sache äußerst klar und scharf formuliert. Von Toleranz ist da wenig zu spüren.

Jahrzehntelang schienen theologische Positionen der Kandidaten bei den Auswahlprozessen keine Rolle zu spielen. Heute kann man zunehmend den Verdacht haben, dass aussortiert wird, wer eine kritische Einstellung zur historisch-kritischen Bibelauslegung hat.

Wenn der Pfarrer seinem Ordinationsgelübde entsprechend der Bibel als geoffenbartem Wort Gottes glaubt und seinen Dienst entsprechend tut, sind für die Gemeindearbeit gute Voraussetzungen gegeben. Zu wünschen ist, dass jeder Pastor in der Lage ist, seine Zeit gut einzuteilen und eine gründliche Vorbereitung der Predigten zu gewährleisten. Offensichtlich hat nicht jeder Pastor die Begabung zum Prediger. Darin liegt ein Problem, weil der Dienst eines Gemeindepfarrers immer das sonntägliche Predigen als einen Schwerpunkt einschließt. Jeder Pfarrer muss also diese Aufgabe bewältigen.

Wir brauchen in den Predigten solide Bibelauslegung. Die Verkündigung des Wortes Gottes ist der Mittelpunkt im Gottesdienst der Kirchen der Reformation. Ich versuche, Pfarrer zur intensiven Predigtvorbereitung zu ermutigen. Die siebzehn Jahre, in denen ich als Pfarrer in Essen fast jeden Sonntag auf der gleichen Kanzel stand, haben mich einiges gelehrt. Da konnte ich nie auf alte Predigten zurückgreifen. Aber auch in den vielen Jahren danach habe ich an den meisten Sonntagen irgendwo gepredigt und tue es bis heute gern. Nicht selten wurde ich gefragt, ob ich denn immer in der Lage sei, mit Freude zu predigen. Tatsache ist, dass ich bei der Vorbereitung der Predigten immer einen ähnlichen Prozess durchgemacht habe. Am Anfang dachte ich, ich hätte verstanden, was der Bibeltext sagt und was ich predigen könnte. Je länger ich hinsah, desto schwieriger wurde die Lage. Oft dachte ich: »Über den Text kann ich nicht predigen.« Nach zwei Stunden sah und hörte ich Neues, Fremdes, Herausforderndes. Ich wurde vom Wort Gottes überrascht.

Ich lese den Bibeltext in Griechisch oder Hebräisch. Ich schreibe ihn in der Regel ab, um jedes Wort wirklich wahrzunehmen. Ich bete darüber. Ich lese Kommentare – auch von Autoren, denen ich oft nicht zustimme. Der Blick anderer auf den Bibeltext schärft meinen Blick. Ich mache immer die Erfahrung, dass Gottes Wort mich überrascht. Erst dann weiß ich, was ich predigen soll. Allerdings beginnt danach bei mir der zweite, nicht weniger mühsame Teil der Arbeit. Wie soll ich es sagen? Wie soll ich es verständlich machen? Wie kann ich es anschaulich sagen? Kann man es im Gedächtnis behalten? Ich zwinge mich, frei zu sprechen. Ich sage mir: Wie sollen die Leute nach einmaligem Hören behalten können, was ich sage, wenn ich es vom Blatt ablese, weil ich es selber nicht behalten kann, obwohl ich mich stundenlang vorbereitet habe? Ich möchte in die Augen der Hörer schauen und ihre Reaktion auf den Gesichtern sehen. Die Predigt ist für mich mehr ein Gespräch als ein Vortrag, obwohl ich dreißig Minuten allein rede.

Im Rückblick auf viele Jahre kann ich sagen, dass die wöchentliche Predigtvorbereitung ein geistlicher Jungbrunnen für mich war. Der Prediger hört das Wort Gottes zuerst für sich. Gottes Wort ermutigt, korrigiert, deckt Sünde auf, belehrt, zeigt den Weg. Es ist nicht immer vergnüglich, was ich da zu hören bekomme, aber es ist nötig und hilfreich. Und vor der Predigt erinnere ich mich selbst an die Zusage von Jesus: »*Wer euch hört, der hört mich; und wer euch verachtet, der verachtet mich; wer aber mich verachtet, der verachtet den, der mich gesandt hat*« (Lukas 10,16).

Es ist eine Freude, wenn Pastoren das Evangelium in Beziehung zum Leben der Hörer setzen können.

Diese Verheißung gilt nicht nur uns Predigern. Sie gilt jedem Gemeindeglied, das im Gespräch das Evangelium weitergibt. Es gilt für die Gespräche im Hausbibelkreis. Wir dürfen darum viel erwarten. Wir äußern nicht nur unsere Meinung. Wir sagen Gottes Wort. Und wir haben die Aufgabe, den Hörern verständlich darzulegen, wie sich unsere Aussagen aus der Bibel ergeben und begründen.

Es ist eine Freude, wenn Pastoren das Evangelium in Beziehung zum Leben der Hörer setzen können. Man spürt einer Predigt an, ob der Prediger guten Kontakt zu den Menschen hat. Auch wenn Prediger über ihre Erfahrungen in der Seelsorge nicht reden dürfen, können sie das Erlebte doch in der Auslegung des Bibeltextes berücksichtigen. Die Hörer müssen erkennen, dass die Predigt ihr Leben betrifft, ihre Fragen und Nöte aufnimmt.

Bei aller Verschiedenheit der Begabungen sollte man Pastoren abspüren, dass sie Menschen zu einer Glaubensentscheidung für Jesus führen wollen. Nicht jeder Pastor hat eine evangelistische Begabung. Wenn sie ihm fehlt, wird er sich umso mehr über die evangelistische Begabung anderer freuen und sie als Ergänzung für seinen eigenen Dienst einsetzen.

Pastoren sollten die Fähigkeit haben, Gemeindeglieder zur Mitarbeit zu motivieren. Dazu ist nötig, dass er die Begabungen der Gemeindeglieder erkennt und sie um die Erfüllung passender Aufgaben bittet. Das macht gelegentlich mehr Arbeit, als die Aufgabe selber zu erledigen. Er soll aber nicht nur addieren, sondern multiplizieren.

Verantwortung zu übertragen heißt nicht selten, Macht abzugeben. Verschließen wir die Augen nicht davor: Es geht allzu oft auch in Gemeinden um Macht! Das ist meist nicht offensichtlich. Aber verdeckt durch frommes Gerede wirkt sich ehrgeiziges Machtstreben besonders vergiftend aus.

Glücklich die Gemeinden, die fleißige Pastoren haben. Die Fehlkonstruktion der Pastorenkirche besteht darin, dass sie so tut, als seien bei den hauptamtlichen Pastoren fast alle Charismen (die Begabungen zum Dienst) monopolisiert. Das funktioniert nie. Wenn man aber trotzdem tut, als müsste es funktionieren, leiden die Gemeinden, und die Pastoren sind frustriert. Pastoren, die ihre Begabungen und Begrenzungen kennen, müssen aktiv nach Ergän-

> Die Fehlkonstruktion der Pastorenkirche besteht darin, dass sie so tut, als seien bei den hauptamtlichen Pastoren fast alle Charismen monopolisiert. Das funktioniert nie.

zung durch begabte Gemeindeglieder suchen und Verantwortung übertragen. Besser noch, wenn es Gemeindeleitungen (Presbyterien, Kirchengemeinderäte, Kirchenvorstände) gibt, die für das richtige Zusammenwirken der verschiedenen Begabungen sorgen. Natürlich wünscht man sich, dass benachbarte Gemeinden und ihre Pastoren zusammenarbeiten. Das ist ja auch in Kirchenbezirken vorgesehen und wird heute oft zwangsweise organisiert, weil gespart werden muss. Das hilft aber gar nicht, wenn die beteiligten Pfarrer theologisch keinen Konsens haben. Im Gegenteil, die aufgezwungene Zusammenarbeit erzeugt Reibungsverluste und Blockaden. Hier zeigt sich einmal mehr, wie verheerend sich das Tabu, über theologische Unvereinbarkeiten in den Kirchen nicht zu sprechen, auswirkt.

Gott sei Dank, dass es Beispiele guter Zusammenarbeit gibt. Wenn Pastoren sich zum Frühstücken, Beten, Bibellesen treffen und sich gegenseitig ihre Freuden und Nöte erzählen, wächst Vertrauen. Die geistliche Gemeinschaft stärkt ihren Glauben und ihren Dienst. In etlichen Städten und Regionen gibt es solche regelmäßigen Treffen nicht nur zwischen Pfarrern der evangelischen Landeskirchen, sondern auch mit Predigern und Pastoren der Landeskirchlichen Gemeinschaften und Freikirchen.

Die Evangelische Allianz kann sehr gut Plattform für solche Vernetzungen sein. Dieser schon 1846 gegründeten Bewegung geht es nicht um die organisatorische Vereinigung von Kirchen, sondern um das Zusammenwirken von Christen aus verschiedenen Kirchen und Gemeindebünden. Kern dieser Bewegung ist das gemeinsame Beten. Die weltweite Gebetswoche der Evangelischen Allianz bildet den Kristallisationspunkt am Anfang jedes Jahres. Aus dieser Allianz sind aber auch immer wieder gemeinsame Projekte zur Evangelisation und Diakonie erwachsen.

Geistliche Gemeindeleitung

Pastoren stehen als Einzelkämpfer auf verlorenem Posten. Sie brauchen eine geistliche Gemeinschaft, die für Leben und Dienst der Gemeinde verantwortlich ist. Das ist natürlich in allen Kirchengemeinden in Form des Presbyteriums (Kirchengemeinderats) vorgesehen. Die Mitglieder werden von der Gemeinde gewählt. Im Idealfall sind es aktive Gemeindeglieder, die regelmäßig an den Gottesdiensten teilnehmen und sich als Mitarbeiter in die Dienste der Gemeinde einbringen. Sie sollten in einer persönlichen Glaubensbeziehung mit dem dreieinigen Gott leben, die Bibel lesen und beten.

2015 veröffentlichte das Sozialwissenschaftliche Institut der EKD die Ergebnisse einer Untersuchung über Mitglieder von Kirchengemeinderäten.[73] Dabei wurde etwas Erschreckendes festgestellt: Den Verantwortlichen der evangelischen Kirchengemeinden ist die Mission nicht wichtig. Die »erste jemals durchgeführte repräsentative Studie zu evangelischen Kirchengemeinden in Deutschland« stellt fest: »*Die Dimension des Sozialen ist durchgehend die wichtigste inhaltliche Dimension in der Gemeindearbeit.*« Und: »*Kommen wir jedoch zur Kernfrage des religiösen Bekenntnisses, dem missionarischen Engagement, reduziert sich der Anteil derjenigen, denen es sehr wichtig ist, auf 14 Prozent [der Mitglieder in Leitungsgremien der Kirchengemeinden].*«

Da fällt einem sofort der schroffe Gegensatz zur Einstellung der Leiter der ersten christlichen Gemeinde in Jerusalem ins Auge. Soziale Dienste waren auch in der ersten Gemeinde wichtig. Eine soziale Tat, die Heilung eines Gelähmten, hatte großes öffentliches Interesse geweckt. Gesundheit war schon immer die Hauptsache. Der Apostel Petrus reagierte sofort: »*Ihr Männer von Israel, was wundert ihr euch darüber oder was seht ihr auf uns, als hätten wir durch eigene Kraft oder Frömmigkeit bewirkt, dass dieser gehen kann?*« Dann verkündete er den gekreuzigten und auferstandenen Jesus Christus und rief die Menschen zur Bekehrung und zum Glauben an ihn (vgl. Apostelgeschichte 3,12-20).

Die Autoren der Untersuchung über Kirchengemeinderäte wollen die »*eher etwas verhaltene Zustimmung*« zur Mission damit entschuldigen, dass der Begriff »missionarisch« »*offenbar nicht nur in der Alltagssprache tendenziell negativ konnotiert ist*«. Erstaunlich. Warum ist Mission ausgerechnet in der Kirche ein negativ klingendes Wort? Jedes gut geführte Wirtschaftsunternehmen formuliert seine Mission in einem »Mission Statement«.

Das *Erste Kirchengemeindebarometer* beschreibt damit nicht nur die »Potenziale vor Ort«, wie der Titel der Untersuchung sagt, sondern auch den tiefen Schaden der Kirche. Von der Basis bis zu den Leitungen fehlt die Leidenschaft, das Evangelium von Jesus Christus unter die Leute zu bringen. An professioneller Öffentlichkeitsarbeit und Werbung für die Kirche fehlt es nicht. Geld dafür ist genug da.

> Von der Basis bis zu den Leitungen fehlt die Leidenschaft, das Evangelium von Jesus Christus unter die Leute zu bringen.

Viel Geschrei, wie gut wir eigentlich sind. »*Die Zufriedenheit mit der allgemeinen Lage der Kirchengemeinde ist hoch*«, heißt es in der Untersuchung. Das heißt also: Selbstzufriedenheit weit und breit.

Aber die Verantwortlichen haben vergessen, was der Apostel Paulus schreibt: »*Wir predigen nicht uns selbst, sondern Jesus Christus, dass er der Herr ist*« (2. Korinther 4,5). Es fehlt die Gewissheit, dass durch den gekreuzigten und auferstandenen Jesus allein das Leben aller Menschen gerettet wird und in Zeit und Ewigkeit gelingt. Der Schaden ist groß. Meine Hoffnung aber, dass Gott durch den Heiligen Geist die Kirche erneuern kann, ist größer. Dafür bete ich.

Nun ist es allerdings nicht leicht, Gemeindeglieder für die Presbyterien zu gewinnen. Es gibt einen verhängnisvollen Kreislauf.

Wenn die Gemeinden nicht evangelistisch arbeiten, kommen keine Menschen zum Glauben an Jesus Christus. Wenn aber evangelisiert wird, werden auch neue Christen da sein, die bereit sind, sich ihren Begabungen entsprechend einzubringen.

Wenn ich »neue Christen« sage, wird das bei manchem Befremden auslösen. Man geht ja davon aus, dass alle Getauften Christen sind, auch wenn sie nicht an Jesus Christus glauben und sich nicht zur christlichen Gemeinde halten. Wir müssen aber darauf bestehen, dass die biblische Bezeichnung »Christen« eigentlich nur auf die Menschen zutrifft, die auch an Jesus Christus glauben. Das war der Grund, warum zuerst in Antiochien in Syrien die Jünger des Jesus Christus »Christen« genannt wurden (vgl. Apostelgeschichte 11,26).

Was ist damit gewonnen, wenn in einen Gemeindekirchenrat angesehene und gutwillige Bürger gewählt werden, die selten im Gottesdienst gesehen werden und auch sonst mit persönlichen Fragen wegen ihres Glaubens nicht belästigt werden wollen? Dann kommt es zu Gremien, die mehr oder weniger fachkundig über die Finanzen, Bau- und Personalfragen der Kirchengemeinde beraten. Viele Kirchengemeinden sind ja mittelständische Unternehmen mit Kindertagesstätten, Seniorenresidenzen, Diakoniestationen und anderen Einrichtungen mit vielen Angestellten. Gut, wenn Fachleute in diesen Gremien sind. Die Pfarrer sind in der Regel für die Managementaufgaben weder ausgebildet noch befähigt.

Ein Gemeindekirchenrat sollte aus Menschen bestehen, die mit Bibel und Gebet leben. Die Zusammenkünfte sollten Raum für das Studium der Bibel und zum Gebet für die Gemeinde haben.

Außerdem ist es hilfreich, wenn der Vorsitzende in der Lage ist, die Verhandlung diszipliniert und zielstrebig zu führen, damit das Gremium in angemessener Zeit zu Ergebnissen kommt. Glücklich die Gemeinde, die in diesem Leitungskreis Menschen hat, die aus ihrer beruflichen Erfahrung solche Beratung wirkungsvoll leiten können.

Ich habe Gemeinden vor Augen, in denen eine Aufgabenteilung zwischen dem offiziellen Leitungsgremium (Gemeindekirchenrat) und einem Mitarbeiterkreis besteht. Das erste behandelt und entscheidet die finanziellen, baulichen, rechtlichen und einige organisatorische Fragen. Der Mitarbeiterkreis widmet sich den geistlichen, seelsorgerischen und inhaltlichen Fragen der Gemeindearbeit. Wenn die Arbeitsteilung funktioniert, wird die Gemeinde dankbar sein. Gut, wenn man pragmatisch nach Wegen des gedeihlichen Zusammenwirkens sucht, wenn nur das Ziel der Gemeindearbeit klar ist: Das Evangelium soll allen verkündet werden, Menschen sollen zur Umkehr in die Nachfolge von Jesus gerufen und darin gefördert werden.

Wenn eine Gemeindeleitung darüber nicht übereinstimmt, ist der Wurm in der ganzen Arbeit. Eine Pfarrerin einer Großstadtgemeinde erzählte mir, dass der nicht allzu große Mitarbeiterkreis ihrer Gemeinde einen Workshop über die Zukunft der Gemeinde durchgeführt habe. Die Teilnehmer sollten aufschreiben, wie sie sich ihre Gemeinde in Zukunft vorstellten. Sie sollten unter anderem folgenden Satz vervollständigen: »Das ist nicht mehr meine Gemeinde, wenn …« Einige schrieben: »… wenn in der Gemeinde dauernd über die Bibel und Jesus geredet wird.« Das waren Leute, die bei Gemeindefesten gern mit anpackten, auch in den sozialen Programmen mitwirkten. Aber sie wollten eben nicht persönlich mit Fragen des Glaubens und mit der Bibel belästigt werden.

So wie die Kirchenleitungen der Landeskirchen auf Zivilreligion setzen, die möglichst alle irgendwie bedient, ohne zu polarisieren und durch biblische Inhalte herauszufordern, so geschieht es auch in vielen Kirchengemeinden vor Ort. Der Lackmustest ist fast immer die Bereitschaft zur Evangelisation oder deren strikte Ablehnung. Darüber werde ich in einem späteren Kapitel noch schreiben.

Das Presbyterium einer Gemeinde ist für die Sammlung und Sendung der Gemeinde verantwortlich. Die Glaubenden sollen durch Verkündigung, Seelsorge und Gemeinschaft gestärkt und gefördert werden. Das fängt im Presbyterium an. Die Gemeindeleitung muss aber auch darauf achten, dass die Dienste nach außen in Wort und Tat, in Evangelisation und Taten der Barmherzigkeit und Gerechtigkeit geschehen.

Ich habe staunend gesehen, dass nicht nur in Freien Gemeinden, sondern auch in Kirchengemeinden Christen den Zehnten ihres Geldes für gemeindliche, evangelistische und soziale Dienste geben. Den Zehnten von ihrem Einkommen, nicht neun Prozent von ihrer Einkommensteuer, wie in der Regel der Kirchensteuersatz ist. Oft ist die Zeit noch kostbarer als das Geld. Ich denke an einen Unternehmer, der berichtete, dass er gern mehr als den Zehnten seines Einkommens spendet, dass es ihm aber schwererfalle, den Zehnten seiner Zeit für gemeindliche Dienste zur Verfügung zu stellen. In lebendigen Gemeinden wird durch Verkündigung und Seelsorge die Bereitschaft zum Einsatz des Lebens geweckt und gestärkt.

Mit Freude und Dankbarkeit erinnere ich mich an eine Kirchengemeinde, in der ich ein paar Tage mitarbeiten durfte. Ich erlebte die Mitglieder des Gemeindekirchenrates als intensive Beter. Sie hatten dauerhaft Verantwortung in Seelsorge, Verkündigung, Diakonie und Leitung übernommen. Der Pastor war in einem Team von ehrenamtlichen und hauptamtlichen Mitarbeitern gut eingegliedert.

Gute Beispiele nachmachen

Ich bin versucht, einzelne Gemeinden zu beschreiben, die ich kennengelernt habe. Ich muss darauf verzichten, weil meine Auswahl zufällig wäre. Aber nichts ist so ansteckend wie ein gutes Beispiel. Gemeindekonzepte werden nicht theoretisch entworfen, sie werden praktisch gelebt. Es gibt sie in allen Teilen Deutschlands. Natürlich auch im Ausland. Wer aber skeptisch ist, dass Beispiele aus anderen Kulturen in unsere übertragen werden können, findet genug Anregungen im eigenen Land.

Meine Empfehlung ist, die guten Modelle zu besuchen und von ihnen zu lernen. Es könnte Partnerschaften zwischen verschiedenen Gemeinden geben – ganz unabhängig von Zugehörigkeit zu Landeskirchen. Wir haben heutzutage einzigartig leichte Kommunikationsmittel. Es gibt keinen Grund, warum jeder vor sich hin wurstelt und die Hilfe anderer nicht in Anspruch nimmt.

Streit – es menschelt überall

Wer allerdings die perfekte Gemeinde sucht, wird enttäuscht. Auch unter theologisch Gleichgesinnten entwickelt sich nicht selten Streit. Der Teufel ist eben auch am Werk. Er ist an Lähmung und Zerstörung interessiert. Seine gefährlichsten Angriffe kommen nicht von außen, sondern von innen.

Pastoren und Gemeinden, die sich gegen die Trends in den Landeskirchen um eine bibeltreue Arbeit bemühen, müssen besonders wachsam sein. Ich kann mich nicht entsinnen, dass ein Pfarrer durch ein sogenanntes Lehrbeanstandungsverfahren aus seinem Dienst in einer Gemeinde entfernt worden ist. Die Kirchenleitungen scheuen die inhaltliche, theologische Auseinandersetzung. Nach dem pluralistischen Programm der Landeskirchen soll ja jeder irgendwie sein Recht haben.

Die Juristen in den Landeskirchen finden ihr Packende, um missliebige Pfarrer aus Gemeinden zu entfernen, wenn Streit in den Gemeinden oder in den Gemeindekirchenräten entsteht. Im Pfarrerdienstrecht der EKD ist »eine nachhaltige Störung in der Wahrnehmung des Dienstes« Grund für eine Versetzung. Die »*liegt vor, wenn die Erfüllung der dienstlichen oder der gemeindlichen Aufgaben nicht mehr gewährleistet ist. Das ist insbesondere der Fall, wenn das Verhältnis zwischen der Pfarrerin oder dem Pfarrer und nicht unbeträchtlichen Teilen der Gemeinde zerrüttet ist oder das Vertrauensverhältnis zwischen der Pfarrerin oder dem Pfarrer und dem Vertretungsorgan der Gemeinde zerstört ist und nicht erkennbar ist, dass das Vertretungsorgan rechtsmissbräuchlich handelt.*«[74]

Wer eine Gemeinde mit schriftgemäßem und bekenntnistreuem Profil fördern will, muss also darauf achten, dass möglichst kein Streit eskaliert. Große Anstrengungen um ein gutes menschliches Miteinander sind nötig. Es gilt das Wort aus Römer 12,18: »*Ist's möglich, so viel an euch liegt, so habt mit allen Menschen Frieden.*« Es liegt aber manchmal nicht nur an einem selbst. So wie die Dinge heute in den evangelischen Kirchen liegen, sind Konflikte fast unvermeidbar. Die Toleranz gegenüber bibel- und bekenntnistreuen Pastoren hält sich in den evangelischen Kirchen leider in Grenzen.

Landeskirchliche Gemeinschaften sind eine Chance

In diesem Kapitel geht es um brauchbare Baugerüste, von denen aus das Haus Gottes aus lebendigen Steinen gebaut werden kann. Ich habe die Möglichkeiten in Kirchengemeinden beschrieben. Ich betone noch einmal: Der freikirchliche Weg ist ein guter Weg. Es gibt biblisch-theologisch keinen Grund, ihn zu kritisieren. Zu kritisieren ist, dass Freikirchen in den Landeskirchen teilweise immer noch mehr oder weniger offen als Sekten diffamiert werden. Und selbstverständlich haben auch freikirchliche Gemeinden ihre Probleme und Gefährdungen. Es ist nicht meine Aufgabe, darauf hier einzugehen.

Durch den Pietismus und die Erweckungsbewegungen sind in den evangelischen Kirchen Landeskirchliche Gemeinschaften entstanden. Gemeindeglieder und Pastoren wollten nicht länger darauf verzichten, die in der Reformation gewonnenen biblischen Erkenntnisse über das allgemeine Priestertum aller Glaubenden zu leben. Ich habe den Impuls durch Philipp Jakob Spener in seinen *Pia desideria* (1675) schon erwähnt.

So entwickelten sich in verschiedenen Teilen des Landes die Bibelstunden in Häusern der Christen. Manchmal wurden sie von den Kirchen geduldet, oft wurden sie heftig bekämpft. Aber sie wollten ihre Kirchen nicht verlassen. Sie hofften auf Erneuerung und entwickelten Gemeinschaftsverbände. Diese Zusammenschlüsse sollten zur Stärkung der meistens kleinen Gruppen dienen.

1888 wurde in dem kleinen Ort Gnadau bei Magdeburg der Zusammenschluss regionaler Gemeinschaftsverbände initiiert, der heute den Namen Evangelischer Gnadauer Gemeinschaftsverband trägt. Ihm gehören heute 37 regionale Gemeinschaftsverbände an.

Außerdem Jugendverbände, Missionsgesellschaften, Ausbildungsstätten, Diakonissenmutterhäuser und diakonische Einrichtungen. Wie der ursprüngliche Name »Deutscher Verband für evangelische Gemeinschaftspflege und Evangelisation« sagte, sind die beiden Hauptanliegen die gelebte Gemeinschaft von Christen und die zum Glauben an Jesus einladende Verkündigung des Evangeliums (Evangelisation).

Die Gemeinschaften verstanden sich als ein ergänzendes Angebot zu dem der Kirchengemeinden. Sie wollten nicht selbst Gemeinden im vollen biblischen Sinne des Wortes sein. So bieten die Gemeinschaften an vielen Orten bis heute Bibelstunden an. Oft als Gemeinschaftsstunden in eigenen Häusern oder Kirchengemeindehäusern oder auch als Hausbibelkreise in Privatwohnungen. Die Gemeinschaften praktizierten die Hauskreise sehr lange, bevor in den ersten Kirchengemeinden Hausbibelkreise gebildet wurden.

Diese Form der Gemeinschaftsarbeit kann man gar nicht hoch genug schätzen. Meinem Eindruck nach gibt es leider zu viele Kirchengemeinden, in denen Bibelkreise nicht gewollt und gefördert werden. Und leider wechselt mit den Pfarrern ja auch oft bisher vorhandene Unterstützung in Ablehnung. Es ist schon wegen der Kontinuität sinnvoll, dass sich Bibelkreise regionalen Gemeinschaftsverbänden anschließen. Sie bekommen dadurch Hilfen durch schriftliches Material, durch regionale Treffen und durch Besuchsdienst der Mitarbeiter des Gemeinschaftsverbandes.

Die Gemeinschaften ringen natürlich immer darum, die Balance zwischen ihren beiden Hauptanliegen Gemeinschaftspflege und Evangelisation zu wahren. Sie wollen keine abgekapselten Kreise sein, sondern Menschen zu Jesus einladen. Die Gefahr der selbstgenügsamen Begrenzung auf sich selbst besteht in den Gemeinschaften wie auch in den Hauskreisen, die in den Kirchengemeinden entstanden sind. Für die Evangelisation ist die Zusammenarbeit mit anderen Gemeinschaften und Gemeinden nahezu zwingend nötig.

Die Gemeinschaften engagieren sich für die Weltmission und die diakonische Arbeit. Sie unterstützen Mitarbeiter in der weltweiten Mission durch Gebet und Finanzen. Aus den Gemeinschaften sind große diakonische Einrichtungen hervorgegangen. Aber auch vor Ort engagieren sie sich in Krankenbesuchen, in der Arbeit mit Flüchtlingen und anderen aktuellen sozialen Diensten. Diese Dienste geschehen oft in Zusammenarbeit mit anderen Gemeinden und Organisationen im Rahmen der Evangelischen Allianz.

Wie jede Gemeinde brauchen auch die Gemeinschaften immer wieder Erneuerung. Mitglieder werden automatisch älter, aber es kommen nicht automatisch jüngere hinzu. Dazu braucht es bewusste Initiativen. Auch das geistliche Leben lässt sich nicht in Konserven erhalten. Gemeinschaften können wie Kirchengemeinden und freikirchliche Gemeinden in Traditionen erstarren und absterben. Der Grundsatz *ecclesia semper reformanda* – »die Gemeinde muss immer wieder erneuert werden« – gilt auch für Landeskirchliche Gemeinschaften. Die Bemühungen darum sind auf allen Ebenen spürbar, in den Landeskirchlichen Gemeinschaften deutlicher und entschlossener als in den meisten Kirchengemeinden.

Über die Gemeinschaftsbewegung lesen wir:

»Evangelische Gemeinschaften des Gnadauer Gemeinschaftsverbandes sind keine Freikirchen, da ihre Mitglieder meist Mitglieder der jeweiligen evangelischen Kirchengemeinde bleiben, was aber nicht zwingend notwendig ist. Sie sind ein ›innerkirchliches Missionswerk‹, das großen Wert auf Evangelisation und auf authentisch empfundene Gemeinschaft legt. Der Fokus liegt meist darauf, wie die Bibel und ihre Botschaft im Alltag umgesetzt werden kann. Dabei helfen sich die Mitglieder gegenseitig durch intensiven Austausch über ihren Glauben in Kleingruppen. In den meisten Gemeinschaften gibt es Veranstaltungen ähnlich denen in Kirchengemeinden.

Seit den 1990er-Jahren bilden sich vermehrt Strukturen ohne Verbindungen zur Landeskirche. Dabei existieren örtliche Gemeinschaften als christliche Gemeinden neben und unabhängig (auch finanziell) von der Amtskirche. Diese haben freikirchlichen Charakter. Obwohl dieses ›Modell 4‹ offiziell vom Gnadauer Verband nicht propagiert wird, besteht in einzelnen Mitgliedsverbänden inzwischen ein Großteil der Gemeinschaften in dieser freikirchlichen Struktur.«[75]

Wenn von »Modell 4« die Rede ist, muss es ja auch die Modelle 1 bis 3 geben. Ich will mich hier nicht in die komplexe Debatte innerhalb der Gemeinschaftsbewegung begeben. Es gibt jedenfalls verschiedene Arbeitsformen, von denen drei nicht umstritten sind: Die Gemeinschaft tut einen ergänzenden Dienst zur Kirchengemeinde, mit der sie verbunden ist (Modell 1), andernorts tut sie einen teilweise stellvertretenden Dienst (Modell 2) und wieder an anderen Orten tut sie einen insgesamt stellvertretenden Dienst für die Kirchengemeinde (Modell 3).

Ich selber gehöre als Mitglied einer landeskirchlichen Gemeinschaft an, die wie eine freie Gemeinde innerhalb der Landeskirche arbeitet – in vollem Einvernehmen mit der evangelischen Landeskirche. Es gibt über ihren Dienst eine Vereinbarung mit der evangelischen Kirche. Das ist mit dem Modell 3 gemeint. Die Gottesdienste finden am Sonntagvormittag statt. Wir feiern das

Abendmahl. Wir taufen und konfirmieren. Von der Jugendarbeit bis zur Seniorenarbeit, von diakonischen Diensten bis zur Weltmission findet sich die ganze Bandbreite von Gemeindearbeit. Viele Hauskreise ergänzen die zentralen Gottesdienste. Wir finanzieren unsere Arbeit selbst – auch die hauptamtlichen Mitarbeiter und das stattliche Haus. Viele junge Familien gehören zur Gemeinschaft. Darum finden parallel zum Gottesdienst für die verschiedenen Altersstufen interessante Kinderprogramme statt. An jedem Gottesdienst nehmen internationale Gäste teil. Sie haben im Internet gelesen, dass unsere Gottesdienste simultan übersetzt werden.

Offensichtlich lässt sich über die Art der Gemeinschaftsarbeit, die man mit dem doppelt gemoppelten Begriff »Gemeinschaftsgemeinde« bezeichnet, nicht mit allen Landeskirchen Einvernehmen herstellen. Gott sei Dank kommen Menschen durch die Arbeit der Gemeinschaften zum Glauben, die bisher keine Beziehung zur evangelischen Kirche hatten. Wer Jesus nachfolgt, braucht aber eine Gemeinde. Wer will solchen neuen Christen erklären, dass sie in der Landeskirchlichen Gemeinschaft nur zu Hause sein können, wenn sie Mitglied in einer Kirchengemeinde werden, von der sie nie gehört haben und die sich auch nie um sie gekümmert hat?

Es gibt wohl keine schnelle und keine flächendeckende Lösung dieses Problems. Also werden die Gemeinschaften von Ort zu Ort sehen müssen, wie sie ihrem Auftrag und den Menschen am besten gerecht werden. Den Verantwortlichen der Gemeinschaftsbewegung darf man Weisheit wünschen, hilfreiche Wege zu finden. Gute Vereinbarungen sind hilfreich, solange nicht wegen finanzieller und organisatorischer Vorteile Kompromisse gemacht werden, mit denen die Gemeinschaften in die geistlichen und theologischen Auflösungsprozesse der evangelischen Kirchen hineingezogen werden.

Je rücksichtsloser Kirchenleitungen und Synoden Entscheidungen durchsetzen, die biblische Grundaussagen missachten, desto mehr werden Gemeinschaftsverbände sich auch gegen Landeskirchen ihres geistlichen Auftrags bewusst werden müssen. Ein Beispiel dafür ist die Reaktion, die in der *Gemeinsamen Erklärung von Verbänden, Hauptamtlichen und Ältestenkreisen zum Beschluss der Badischen Landessynode zur Trauung gleichgeschlechtlicher Paare (23. 04. 2016)* formuliert wurde. Darin heißt es unter anderem:

»Wir bekräftigen, dass die Ehe eine von Gott geschaffene Einrichtung ist, in der ein Mann und eine Frau eine exklusive, auf Lebenszeit angelegte Beziehung unter Einschluss der Sexualität eingehen. Ähnlich wie andere Formen von Sexualität außerhalb der Ehe steht auch gleichgeschlechtlich gelebte Sexualität an keiner Stelle der Bibel ›in einer positiven Beziehung zum Willen Gottes‹ (EKD-Denkschrift ›Mit Spannungen leben‹). Wir akzeptieren es nicht, dass es schon an sich homophob oder diskriminierend sei, auf biblischer Grundlage diese theologischen und ethischen Ansichten in Lehre und Leben zu vertreten. […] Wir sind Verbände, die erklären, dass wir die Entscheidung der Synode bedauern und sie nicht unterstützen und nicht mittragen können. Wir stellen deshalb fest, dass Trauungen gleichgeschlechtlicher Paare weder durch Mitarbeitende noch in Räumen unserer Verbände möglich sind. Wir bieten auch Christen, die ihre Kirchenmitgliedschaft nicht weiter verantworten können, eine geistliche Heimat an.«

Mit dem letzten Satz ist auch gegenüber der Landeskirche erklärt, dass die Mitgliedschaft in der Landeskirchlichen Gemeinschaft nicht mehr unbedingt an die Mitgliedschaft in der Landeskirche gebunden ist. Folgende Gemeinschaftsverbände haben diese Erklärung unterzeichnet: Liebenzeller Gemeinschaftsverband (LGV), Evangelischer Gemeinschaftsverband AB, Südwestdeutscher Gemeinschaftsverband (SGV), Chrischona Gemeinschaftswerk in Deutschland (CGW).

Ich trage keine Verantwortung in der Gemeinschaftsbewegung, sondern bin nur einfaches Mitglied in einer Landeskirchlichen Gemeinschaft. Ich bin aber mein Leben lang mit der Gemeinschaftsbewegung verbunden gewesen. Das verdanke ich vor allem dem Essener Pfarrer und Evangelisten Wilhelm Busch (1897–1966). In seiner Jugendarbeit bin ich zum Glauben an Jesus gekommen und habe diese Arbeit in Essen später in seiner Nachfolge siebzehn Jahre lang geleitet. Wilhelm Busch war Schriftleiter der Monatszeitschrift *Licht & Leben*, die er als Stimme des Pietismus in der Kirche verstand.

In dieser Zeitschrift schrieb er einen Artikel mit dem Titel *Pietismus im Zweifrontenkrieg*[76]. Der Pietismus ist ursprünglich als Gegenbewegung zur Orthodoxie des 18. Jahrhunderts entstanden. Der Orthodoxie ging es um die Bewahrung der reinen Lehre. Busch schreibt:

»Diese Orthodoxie führte im 18. Jahrhundert zu einer Erstarrung der Kirche. Und als Gegenreaktion entstand der Pietismus, der den persönlichen Heilsstand, die persönliche Entscheidung und die Bewährung des Glaubens im Alltag (Heiligung) fordert. Die Orthodoxie hat im Pietismus ihren schlimmsten Feind gesehen und sich erbittert gegen ihn gewandt. Pietismus und Orthodoxie sind unvereinbare Gegensätze.«

Nun erstarkte nach dem Zweiten Weltkrieg in Deutschland die von Bultmann angestoßene Existenztheologie. In der Gemeinde entstand Verwirrung dadurch, dass diese Theologen von Entscheidungen redeten und auch sonst ein scheinbar pietistisches Vokabular benutzen konnten. Busch schrieb:

»Mit den modernen Theologen verbindet uns Pietisten das Wissen, dass es beim Christentum um eine persönliche Entscheidung geht. Es trennt uns von ihnen ihre Bibelkritik. – Mit den Orthodoxen verbindet uns das Wissen um die uneingeschränkte Geltung der Bibel. Es trennt uns von ihnen, dass bei ihnen Bekehrung, persönlicher Heilsstand und Heiligung zugunsten der Lehre zu kurz kommen.«

Die weiteren Ausführungen Buschs sind so wichtig, dass ich sie ausführlicher zitiere:

»Wir Pietisten haben allezeit einen Zweifrontenkrieg führen müssen. Wenn die Theologen die Orthodoxie predigten – also ›reine Lehre‹ ohne den Ruf zur Entscheidung und ohne Heiligung des Lebens –, dann standen die Pietisten auf und verkündeten ›Bekehrung‹ und ›Heiligung‹. Wenn aber die Theologie die Wahrheiten der Bibel angriff, das Bekenntnis veränderte und die Bibel kritisierte, dann standen die Pietisten auf und riefen: ›Wenn dein Wort nicht mehr soll gelten, worauf soll der Glaube ruhn?‹ Der Orthodoxie gegenüber hat der Pietismus das ›Leben aus Gott‹ zu bezeugen. Der modernen Theologie gegenüber bezeugt er die Wahrhaftigkeit der Bibel.

Es ist mir fast zum Lachen, dass ich selbst in meinem kurzen Leben dauernd die zwei Fronten sehen musste.

Busch rechnete damit, dass die theologischen Strömungen wieder wechseln und die Kirche eines Tages wieder orthodox werden könnte. *»Diese geistigen Strömungen wechseln wie die Damenmoden.«* Die theologischen Moden haben tatsächlich schnell gewechselt. Die Orthodoxie war in den letzten Jahrzehnten nie mehr die Gefahr. Die ideologisch bestimmte Bibelkritik war die Voraussetzung für wechselnde politische oder psychologische Deutungen des christlichen Glaubens.

Auch heute gilt, was Busch schrieb:

»Es geht uns um die volle biblische Wahrheit. Diese biblische Wahrheit hat eine objektive und eine subjektive Seite. Wir können die beiden Seiten in der Pfingstpredigt der Apostel studieren. Da sagen die Leute: ›Wir hören sie in unseren Zungen die großen Taten Gottes reden.‹ Das ist die objektive Seite: Gott hat etwas getan. Er hat seinen Sohn an das Kreuz gegeben. Er hat ihn von den Toten auferweckt. Er hat seinen Geist in die Welt gegeben. Das sind Tatsachen, die feststehen, ob sie jemand annimmt oder nicht. Die Orthodoxie betont diese Seite der biblischen Wahrheit. Weil sie aber das Nächste übersieht, bleibt sie tot.

Es ging nämlich an Pfingsten so weiter: ›Lasst euch erretten von diesem verkehrten Geschlecht!‹ Das ist die subjektive Seite. Da muss geglaubt werden. Da geht es um einen Schritt, um eine Bekehrung, um eine ›existenzielle Entscheidung‹. Diese Seite betont die moderne Theologie. Weil sie aber die ›großen Taten Gottes‹ infrage stellt, wird sie zur Schwärmerei, und wir wehren uns gegen sie wie gegen jede andere Art von Schwärmerei.

Der pietistische Zweifrontenkrieg ist also durchaus biblisch. Es geht heute wie immer um die ganze, volle, biblische

Wahrheit. Und mit dieser Forderung wollen wir das Gewissen der Kirche sein.«

Busch schrieb in dem Zusammenhang auch: »*Indem die Gemeinschaftsbewegung über dem Bekenntnis der Kirche wacht, kämpft sie für die Kirche.*«

An diesen Auftrag des Pietismus muss man die Gemeinschaftsbewegung immer wieder erinnern. In den evangelischen Kirchen werden die Grundlagen des christlichen Glaubens demontiert. Dagegen muss der Pietismus die Stimme erheben. Das geschieht in der Gemeinschaftsbewegung an vielen Stellen und durch viele Verantwortliche. Manche aber möchten die notwendige Konfrontation möglichst vermeiden. Das schadet nicht nur der Gemeinschaftsbewegung, sondern auch den evangelischen Kirchen.

Ja, die Gemeinschaften sind eine Chance für die Menschen und für die evangelischen Kirchen. Sie könnten lebendige Kerngemeinden in den Kirchen bilden und Kristallisationspunkte des missionarischen Dienstes sein – gerade in den verschiedenen Formen, in denen sie ihren Auftrag in verschiedenen Situationen erfüllen.

Freie Werke in den Landeskirchen

Außer den Gemeinschaften gibt es eine Vielzahl von weiteren sogenannten freien Werken in den evangelischen Kirchen. Im 19. Jahrhundert bildeten sich aufgrund der Erweckungsbewegungen Initiativen zur Bibelverbreitung, zur Weltmission, für Jugendarbeit (CVJM und EC) und für Diakonie. Weil die Kirchen zu schwerfällig waren, um auf die Herausforderungen der Zeit dem biblischen Auftrag entsprechend zu reagieren, ergriffen einzelne Persönlichkeiten die Initiative und gründeten Vereine. Johann Hinrich Wichern (1808–1881) zum Beispiel gründete 1848 die sogenannte Innere Mission, in der soziale Dienste und Evangelisation gemeinsam geschehen sollten.

Nach dem Zweiten Weltkrieg setzte in den evangelischen Kirchen ein Bestreben ein, diese freien Werke stärker in die Landeskirchen zu integrieren. Sie arbeiteten wie die Gemeinschaften nach dem Grundsatz »in der Kirche, mit der Kirche, aber nicht unter der Kirche«. Diese Selbstständigkeit war vielen Kirchenführern ein Dorn im Auge. Nun hieß es, die Jugendarbeit, Weltmission, Evangelisation und Diakonie sei Aufgabe der ganzen Kirche und dürfe nicht nur speziellen Gruppen überlassen werden. Das hörte sich gut an, führte aber in der Regel dazu, dass den Initiativen die biblisch-theologische Klarheit und die missionarische Ausrichtung verloren gingen.

Diakonische Werke wuchsen zu großen Sozialunternehmen, in denen die Einheit von sozialem Dienst und Verkündigung des Evangeliums kaum noch erkennbar war. Missionsgesellschaften wurden zu kirchlichen Missionswerken, in denen sich die bibelkritische Theologie auch im Blick auf das Missionsverständnis mehr und mehr durchsetzte. Die Landeskirchen gaben Geld aus Kirchensteuermitteln und nahmen entsprechend Einfluss auf die inhaltliche Arbeit. Es kam in den 1960er-Jahren zu Konflikten über das Missionsverständnis.

Viele Missionsgesellschaften verließen den »Deutschen Evangelischen Missionstag« (DEMT) und bildeten die Arbeitsgemeinschaft Evangelikaler Missionen (AEM). Sie ist heute der größte evangelische Missionsdachverband in Deutschland. In ihm sind 108 christlich-evangelikale Missionsgesellschaften und Ausbildungsstätten mit rund 4 500 Mitarbeitern (Stand März 2015) aus dem Bereich der evangelischen Landeskirchen, Landeskirchlichen Gemeinschaften und Freikirchen zusammengeschlossen. Die AEM arbeitet auf der Glaubensgrundlage der Deutschen Evangelischen Allianz.[77]

Die Verkirchlichung der freien Werke wird durch die finanzielle Abhängigkeit bewirkt. Das müsste nicht zwangsläufig so sein. Die Kirchensteuern gehören nicht den Kirchenleitungen, sondern sind das Geld der Kirchenmitglieder – auch derer, die sich in Gemeinschaften und freien Werken engagieren. Leider versuchen die Geldgeber, an die Zuschüsse inhaltliche Bedingungen zu knüpfen. Ich bin durch meine berufliche Tätigkeit in dieser Hinsicht nicht ganz ohne Erfahrungen und kann sagen: Man darf kein Geld nehmen, an das inhaltliche Bedingungen geknüpft sind, die nicht den eigenen Grundsätzen und Zielen entsprechen. Wer es doch tut, ist verloren. Allzu oft geht es dann nach dem Motto: Wes' Brot ich ess', des' Lied ich sing.

Die Ausbildung der Mitarbeiter

In Kirchengemeinden, Gemeinschaften und freien Werken arbeiten wir heute fast überall mit vollzeitlichen Mitarbeitern. Viel hängt von deren Qualität ab. Ihre Ausbildung ist wichtig. Die Landeskirchen lassen nur Absolventen der Theologischen Fakultäten und Kirchlichen Theologischen Hochschulen in den Dienst als Pfarrer. Die

Theologischen Fakultäten an den Universitäten sind staatliche Einrichtungen, auf deren Besetzung die Kirchen nur minimalen Einfluss haben. Es ist bisher nicht gelungen, das Monopol der Theologischen Fakultäten zu brechen, weil die Kirchenleitungen es nicht brechen wollen.

An den Theologischen Fakultäten bestimmen die Professoren, die der historisch-kritischen Bibelauslegung das Wort reden. Über die damit verbundene Ideologie habe ich früher schon geschrieben. Wer sich mit dieser Bibelkritik auseinandergesetzt hat und begründet die Autorität der Bibel als Wort Gottes vertreten kann, ist für die Verkündigung und Seelsorge in den Gemeinden bestens gerüstet. Leider kommen nicht allzu viele unbeschadet und gestärkt durch diese Art Theologiestudium. Gute Hilfe dazu leisten seit Jahren Studienhäuser wie das Albrecht-Bengel-Haus in Tübingen und ähnliche Einrichtungen in Heidelberg, Marburg, Mainz und Krelingen. Evangelikale Theologen begleiten dort die Theologiestudenten in ihrem Studium.

Wer kann, gönnt sich eine Studienzeit an den vielen ausgezeichneten Theologischen Hochschulen im Ausland. Auch wenn ihre Qualität die deutschen Theologischen Fakultäten oft übertrifft, werden ihre Studiengänge von den Kirchen in Deutschland meist nicht anerkannt, ihre Studienabschlüsse schon gar nicht. Man kann heute allerdings bereits sagen, dass die deutsche Fakultätstheologie international an Bedeutung verloren hat. Ihr Einfluss auf die Pfarrerschaft der Landeskirchen besteht aber weiter.

Es gibt viele Ausbildungsstätten (Bibelschulen und Seminare), die für Jugend- und Gemeindearbeit sowie für die Weltmission ausbilden. Ihre Absolventen tun gute Dienste in Gemeinschaften, CVJM, EC und anderen Organisationen. In die Kirchengemeinden kommen sie als Jugendreferenten und Gemeindepädagogen, nicht aber als Pastoren. Man hofft immer wieder, dass der Pfarrermangel, wenn er dann mal eintritt, die Kirchenleitungen zu der Einsicht bringt, die gute Erfahrung der bewährten Jugendarbeiter für den Pastorendienst zu nutzen. Früher gab es das zeitweise in einigen Kirchen.

Man hofft immer wieder, dass der Pfarrermangel, wenn er dann mal eintritt, die Kirchenleitungen zu der Einsicht bringt, die gute Erfahrung der bewährten Jugendarbeiter für den Pastorendienst zu nutzen. Aber die berufsständische Mafia der Pfarrer verhindert sinnvolles Vorgehen bisher nachhaltig.

Aber die berufsständische Mafia der Pfarrer verhindert sinnvolles Vorgehen bisher nachhaltig.

In den letzten Jahren versuchen etliche dieser Ausbildungsstätten, die staatliche Anerkennung als Fachhochschulen zu gewinnen und zu behalten. Dafür gibt es viele gute Gründe. Wenn es gelingt, kann es ein Segen sein, falls die Träger ihre Seele im Akkreditierungsprozess nicht verkaufen. Für die Anerkennung als Fachhochschule sind der Deutsche Wissenschaftsrat und die entsprechenden Landesministerien zuständig. Der Wissenschaftsrat beauftragt Akkreditierungsagenturen. Die prüfen die Ausbildungsstätten. Nach welchen Maßstäben? Natürlich müssen gewisse Standards in Forschung und Lehre nachgewiesen werden.

Bei der Theologie ist das eine heikle Sache. Gott ist ja nicht Gegenstand der wissenschaftlichen Forschung, höchstens der Glaube der Menschen an Gott, seine Rahmenbedingungen und Wirkungen. Die Wissenschaft wird an den Universitäten betrieben, als ob es Gott nicht gäbe (*etsi Deus non daretur*). Man kann aber nicht erwarten, dass Leute, die atheistisch oder agnostisch[78] Theologie studieren, nachher auf der Kanzel mit Gewissheit verkünden: »So spricht der Herr.« Also müssen die Vertreter der Ausbildungsstätten ihren Gutachtern plausibel machen, dass sie wissenschaftlich Theologie betreiben, um die staatliche Anerkennung als Fachhochschule zu bekommen, und zugleich daran festhalten, dass sie wirklich an die Offenbarung Gottes in Israel und in Jesus Christus glauben, wie sie in der Bibel, dem Wort Gottes, dokumentiert ist. Wenn die Gutachter sie als Fundamentalisten einstufen, haben sie schlechte Karten. Der Rest erklärt sich von selbst.

Es gab einmal eine Chance, dieses Dilemma zu überwinden. Die Bekennende Kirche hatte in der Nazizeit schlimme Erfahrungen mit den staatlichen Theologischen Fakultäten gemacht und deshalb kirchliche Hochschulen in eigener Verantwortung gegründet. Die sollten vom Evangelium und nicht von irgendwelchen Ideologien bestimmt sein. Leider hat das nicht lange nachgewirkt. Die Professoren der kirchlichen Hochschulen wollten natürlich nicht weniger als Wissenschaftler anerkannt sein als ihre Kollegen von den staatlichen Fakultäten. Ergebnis: Ihre Arbeit folgte den gleichen Maßstäben wie die der Fakultätstheologen.

Ich wäre froh, wenn ich mit voller Überzeugung sagen könnte, dass dieses traurige Schicksal den evangelikalen Ausbildungsstätten, die jetzt zu Ehren von Fachhochschulen gelangt sind, nicht widerfahren wird. In Deutschland geht nichts über einen Professorentitel. Und die Hochschulgesetze stärken den Professoren den Rücken, wenn sie gegen mögliche fromme Wünsche der Träger der Hochschule die Freiheit von Forschung und Lehre behaupten. Was in dieser Hinsicht möglich ist, kann man an der Entwicklung der kirchlichen Fachhochschulen besichtigen.

Es fehlt heute nicht an Verantwortlichen in den evangelikalen Ausbildungsstätten und deren Trägerorganisationen, die sich intensiv um einen guten Weg bemühen. Sie wollen eine Ausbildung, die dem Wort Gottes gemäß ist und den Gemeinden, Gemeinschaften und freien Werken wirklich hilft. Aber der Weg dahin ist steinig und dornig und nicht vergnügungssteuerpflichtig. Sie brauchen viel Fürbitte. Wenn sie das Bekenntnis zur Autorität der Bibel als Wort Gottes auf dem Altar der Anerkennung als Hochschule opfern, wird der Schaden unabsehbar sein.

KAPITEL 4
Kirche voller Hoffnung

Die zweite Gemeinde, die der Apostel Paulus in Europa gründete, war die in der großen Hafenstadt Saloniki in Griechenland. Paulus musste sie wenige Wochen nach ihrer Gründung verlassen. Er hatte keine Möglichkeit, die Aufbauarbeit in Ruhe zu begleiten. Trotzdem war die Gemeinde geistlich gesund, wie Paulus im ersten Thessalonicherbrief dankbar beschrieb. Drei Kennzeichen dieser Gemeinde hebt er hervor: »*Wir danken Gott allezeit für euch alle und gedenken euer in unsern Gebeten und denken ohne Unterlass vor Gott, unserm Vater, an euer Werk im Glauben und an eure Arbeit in der Liebe und an eure Geduld in der Hoffnung auf unsern Herrn Jesus Christus*« (1. Thessalonicher 1,2-3). Erstens »euer Werk im Glauben«: Ihr Glaube ist kein bloßes Gedankengebäude, sondern wirkt sich aus. Zweitens »eure Arbeit

Kann es sein, dass uns heute diese Tragfähigkeit fehlt, weil wir nicht wirklich auf das Kommen von Jesus zur Vollendung der Weltgeschichte warten?

in der Liebe«: Die Liebe scheut die Dreckarbeit und Schwerarbeit nicht. Drittens »eure Geduld in der Hoffnung auf unseren Herrn Jesus Christus«: Weil sie mit Zuversicht auf den kommenden Herrn Jesus Christus warten, sind sie belastbar und tragfähig. Die Geduld ist nicht schlapp und passiv. Das griechische Wort *hypo-*

monä heißt wörtlich »darunter bleiben«, Lasten tragen, Belastungen aushalten.

Kann es sein, dass uns heute diese Tragfähigkeit fehlt, weil wir nicht wirklich auf das Kommen von Jesus zur Vollendung der Weltgeschichte warten? Wir sind Kinder unserer Zeit und von ihr mehr geprägt, als uns vielleicht lieb ist. Das Motto unserer Zeit lautet: Wir wollen alles, aber jetzt. Sind wir Christen auch diesem Wollen verfallen? Jesus aber ist auferstanden und wird wiederkommen. Er wird die Toten auferwecken. Er wird das Weltgericht halten und den neuen Himmel und die neue Erde schaffen. Das alles wird kommen, auch wenn wir nicht darauf warten. Die Wirklichkeit ist nicht von unserem Glauben abhängig. Wir aber sollen wach und auf Gottes zukünftiges Handeln eingestellt sein.

Wie sich diese Hoffnung auf unser Leben jetzt auswirkt, schreibt Paulus im letzten Satz des großen Auferstehungskapitels: »*Darum, meine lieben Brüder und Schwestern, seid fest und unerschütterlich und nehmt immer zu in dem Werk des Herrn, denn ihr wisst, dass eure Arbeit nicht vergeblich ist in dem Herrn*« (1. Korinther 15,58). Auch wenn sich kurzfristig der Erfolg nicht einstellt, garantiert der kommende Herr, dass nichts vergeblich ist, was wir in seinem Auftrag tun.

An dieser Hoffnung sind auch heute lebendige Gemeinden zu erkennen. Was aber ist das »Werk des Herrn«, an dem wir arbeiten? Im ersten Kapitel habe ich »Gottes Mission – Dienst in Wort und Tat« beschrieben. Zur umfassenden Sendung (Mission) gehören die Beziehung zum sendenden Herrn im Gebet, die Wahrnehmung des Auftrags in der Gemeinschaft des Leibes von Jesus Christus, die Taten der Liebe, Barmherzigkeit und Gerechtigkeit, die ausdrückliche Verkündigung des Evangeliums von Jesus Christus auch an die Menschen, die ihm noch nicht nachfolgen. Die zuletzt genannte Teilaufgabe nennen wir Evangelisation. Die Beschreibung der gesamten Sendung bezeichne ich mit »Mission«.

Ich habe früher in diesem Buch schon darauf hingewiesen, dass die Begriffe Mission und Evangelisation in der Christenheit sehr unterschiedlich, ja sogar gegensätzlich gebraucht werden. Ich habe nicht den Ehrgeiz, mein Verständnis anderen vorzuschreiben. Aber ich versuche, die beiden Begriffe Mission (Apostolat, Sendung) und Evangelisation (Verkündigung des Evangeliums an Menschen, die noch nicht Jesus nachfolgen) wieder von der Bibel her zu bestimmen und so zu gebrauchen.

Wir haben in fast allen Teilen Europas heute alle Rechte und völlige Freiheit, den Auftrag des Herrn auszuführen. Noch nie standen den Christen so viele Mittel zur Verfügung wie heute. Das gilt für Finanzen und besonders für Kommunikationsmöglichkeiten. Trotzdem erleben wir Blockierungen und Lähmungen. Sie kommen größtenteils nicht von außerhalb der christlichen Gemeinden. Sie sind hausgemacht. Ich will einige Problemfelder nennen. Sie stellen sich meist als falsche Entweder-oder dar.

Öffentlich oder persönlich?

Eigentlich ist es selbstverständlich: Das Evangelium von Jesus Christus muss persönlich und öffentlich verkündigt werden. Es ist eine persönliche und öffentliche Wahrheit. Der Zuspruch der Liebe Gottes, die Vergebung der Sünden gilt jedem Menschen persönlich. Das Evangelium muss darum persönlich verabreicht werden wie Augenmedizin. Das ergibt sich aus der Art und Weise, wie Jesus sich den Einzelnen zuwendet, auch wenn er es mit Menschenmassen zu tun hat.

Das Evangelium ist eine öffentliche Wahrheit, weil sich in Jesus der Schöpfer, Erhalter und Vollender der Welt offenbart. Die Schöpfung, die Erlösung, das Weltgericht geht alle Menschen an, ob sie daran glauben oder nicht. Also soll die Botschaft öffentlich verkündet werden. Alle Menschen sollen wissen, dass Gottes Angebot und Anspruch ihnen gelten.

Es sollte eigentlich nicht strittig sein, dass das Evangelium persönlich wie auch öffentlich weitergesagt werden muss. Dennoch müssen wir feststellen, dass Gemeinden sich aus der öffentlichen Evangelisation zurückziehen. Warum? Es werden vielerlei Gründe genannt. Persönliche Evangelisation sei wirkungsvoller. Öffentliche evangelistische Veranstaltungen brächten nichts. Sie seien zeitlich und finanziell zu aufwendig. Natürlich kann man über Vor- und Nachteile der einen oder anderen Methode diskutieren. Es gibt zahllose Methoden und nicht nur eine oder zwei. Methoden sind Wege zu den Herzen der Menschen. Die Menschen sind sehr verschieden. Also brauchen wir sehr viele verschiedene Wege, um ihre Herzen zu erreichen, auch wenn Jesus der eine und einzige Weg zu Gott ist.

Der Rückzug aus der Öffentlichkeit hat aber in den letzten Jahren offensichtlich spezielle Gründe. In Europa hatte man sich in fast zwei Jahrhunderten darauf verständigt, dass Religion Privatsache ist. Das Christentum erhebt nicht mehr den Anspruch, Staatsreligion zu sein. Es gilt nicht mehr der alte Grundsatz *cuius regio eius religio* – »die Regierung bestimmt den Glauben der Untertanen«. Jeder Bürger hat selbst das Recht zu entscheiden, was er glaubt und was nicht. Das eröffnete in der demokratischen Gesellschaft einen Raum der Freiheit – auch der Freiheit zur öffentlichen Verkündigung des Evangeliums. Religionsfreiheit beinhaltet ebenso die Freiheit zum Religionswechsel.

Nun tritt auch in Europa seit einigen Jahrzehnten zunehmend der Islam in Erscheinung. Der hat nicht das Verständnis, Religion sei Privatsache. Nach dem Koran und der Sunna ist Religion im Wesentlichen eine soziale Angelegenheit, nämlich Sache der Gemeinschaft der Muslime, der *umma*. Mohammed war seit seinem Umzug von Mekka nach Medina, der sogenannten Hidschra (622 n. Chr.), nicht nur religiöser Prophet, sondern zugleich politisches Oberhaupt und militärischer Führer der muslimischen Gemeinschaft. Starke Strömungen des Islam betonen heute die Rückkehr zu diesem Grundverständnis. Sie bekämpfen alle westlichen Einflüsse und streben die Errichtung islamischer Gottesstaaten und letzten Endes eines großen islamischen Staates mit der Geltung der Scharia an, der Gebote Gottes nach islamischem Verständnis.

Zunächst hat kaum einer damit gerechnet, dass solche Ansprüche auch in Europa laut werden könnten. Als sich aber in der westlichen Welt islamisch motivierter Terror ereignete, wurde man zwangsweise darauf aufmerksam, wie der Islam sich verhält, wenn er die Mehrheitsgesellschaft bestimmt. Obwohl die islamisch bestimmten Staaten alle die Menschenrechtscharta der UNO unterschrieben und damit auch Artikel 18 über die Religionsfreiheit zugestimmt haben, denken sie nicht daran, Muslimen den Wechsel zu einer anderen Religion zu erlauben.

Das Erschrecken über die totalitären Ansprüche des Islam bewirkte, dass nun Kritik an allen Religionen, die einen absoluten Wahrheitsanspruch erheben, geübt wurde. Das betraf insbesondere die monotheistischen Religionen. Der Verdacht ist: Wer behauptet, die absolute Wahrheit zu besitzen, wird auch versuchen, sie mit

Gewalt allen Menschen aufzuzwingen. Die Christen beteuerten natürlich, dass sie solche Absichten nicht hätten. Die Kritiker aber erinnerten an die Jahrhunderte der christlichen Staatsreligion in Europa und Lateinamerika und die damit verbundenen Zwangsmaßnahmen und Gewaltanwendung.

Nicht nur einmal wurden in den öffentlichen Massenmedien fanatische Islamisten (wie die Salafisten) in die Nähe von evangelikalen und charismatischen Christen gerückt. Die Landeskirchen überschlugen sich in Beteuerungen, dass sie natürlich nicht missionieren wollten und dass in allen Religionen das Heil oder wenigstens etwas Ähnliches zu finden sei. Sie bekämpfen alle Fundamentalisten, die, wie Kirchenvertreter nicht müde werden zu erklären, leider auch unter den Christen zu finden seien.

Auch wenn die Mitglieder evangelikaler Gemeinden und Gemeinschaften daran festhalten, dass allein in Jesus das Heil zu finden ist, vermeiden sie doch mehr und mehr, mit diesem Angebot und Anspruch zu sehr in die Öffentlichkeit zu gehen. Privat kann man in unserer pluralistischen Gesellschaft alles glauben. Man kann auch persönlich dafür werben. Wer aber zu sehr in der Öffentlichkeit diesen absoluten Anspruch artikuliert, macht sich

Privat kann man in unserer pluralistischen Gesellschaft alles glauben. Man kann auch persönlich dafür werben. Wer aber zu sehr in der Öffentlichkeit diesen absoluten Anspruch artikuliert, macht sich fundamentalistischer Umtriebe verdächtig.

fundamentalistischer Umtriebe verdächtig. Das ist zwar nicht verboten. Es gibt schließlich garantierte Grundrechte der Redefreiheit und Versammlungsfreiheit. Aber wir Christen möchten doch auch als nette Leute akzeptiert werden. Also verzichten viele auf die öffentlichen Aktionen und auch darauf, den Wahrheitsanspruch des Evangeliums öffentlich zu erheben. Denn das Angebot des Evangeliums, das allen gilt, ist unlösbar mit dem Anspruch der Herrschaft von Jesus Christus verbunden.

Der einstige württembergische Landesbischof Gerhard Maier schrieb einmal: »*Verführung ist für die Gemeinde gefährlicher als Verfolgung. Verfolgung eint die Gemeinde. Verführung spaltet sie. Verfolgung lässt das Echte hervortreten, Verführung das Unechte triumphieren.*« Ja, Verführung ist auch deshalb gefährlicher, weil sie schleichend wirkt. Hilfe kann nur kommen, wenn wir uns der schleichenden Gefahr bewusst werden. »Ihr habt doch den Mann vom Kreuz im Kreuz«, sagte mir einmal ein Journalist, der die Christen aus fragender Distanz betrachtete. Ich füge hinzu: Und wir haben den auferstandenen und wiederkommenden Herrn Jesus vor uns. Der Rücken ist frei, die Zukunft ist offen. Keine Angst!

Die pluralistische, demokratische Gesellschaft bietet uns trotz der kritischen Einwände, die ich gerade beschrieben habe, Wirkungsmöglichkeiten, wie sie wenige Christen in der Welt haben. Wenn wir sie nutzen wollen, müssen wir uns allerdings neu bewusst machen: Was ist Toleranz?

Früher hieß Toleranz: Andere werden als Bürger zweiter Klasse geduldet. So zum Beispiel im Toleranzpatent, das Kaiser Joseph I. 1781 für Österreich-Ungarn erließ. Die Evangelischen durften von da an auch Kirchen bauen, aber nicht mit Kirchtürmen. Diese Architektur kann man noch heute in Bratislava (Pressburg), Brno (Brünn) und anderswo besichtigen. Darum sagte Goethe, tolerieren hieße verachten. Man war zwar geduldet, aber nur als Bürger zweiter Klasse.

Bis heute behaupten viele, Toleranz bedeute: Wir müssen auf die Beantwortung der Wahrheitsfrage verzichten und stattdessen versuchen, friedlich miteinander zu leben. Das ist die Quintessenz der Ringparabel in Gotthold Ephraim Lessings Drama *Nathan der Weise*. Der wahre Ring ging wahrscheinlich verloren, heißt es da. Was tun, wenn man die Wahrheitsfrage nicht entscheiden kann und will? »*Es eifre jeder seiner unbestochnen, von Vorurteilen freien Liebe nach!*«[79]

Das gleiche Toleranzverständnis vertrat der Soziologe Ulrich Beck: »*Inwieweit Wahrheit durch Frieden ersetzt werden kann, entscheidet über die Fortexistenz der Menschheit.*«[80]

Die postmoderne Weltanschauung versucht die Heilung der Misere mit der Behauptung: Es gibt keine für alle verbindliche Wahrheit; jeder hat seine eigene. Darum lohnt sich der ganze Streit nicht. Was aber ist dann mit dieser Behauptung? Wenn es keine verbindliche Wahrheit gibt, warum sollte diese Behauptung wahr sein? Diese Meinung widerlegt sich logisch selber.

Der Philosoph Jürgen Habermas hat überzeugend beschrieben, was Toleranz ist:

> »Wir brauchen nicht tolerant zu sein, wenn wir gegenüber fremden Auffassungen und Einstellungen ohnehin indifferent sind oder gar den Wert dieses ›Anderen‹ schätzen. […] Die politische Tugend der Toleranz ist erst dann gefragt, wenn die Beteiligten ihren eigenen Wahrheitsanspruch im Konflikt mit dem Wahrheitsanspruch eines Anderen als ›nicht verhandelbar‹ betrachten, aber den fortbestehenden Dissens dahingestellt sein lassen, um auf der Ebene des politischen Zusammenlebens eine gemeinsame Basis des Umgangs aufrechtzuerhalten.«[81]

Toleranz heißt nicht, die eigene Position aufzugeben. Im Gegenteil, die freie Gesellschaft braucht die öffentliche Darstellung und Diskussion gegensätzlicher Weltanschauungen. Kompromisse müssen gesucht werden. Wo keine Kompromisse möglich sind, müssen die Regeln für eine friedliche Austragung des Konfliktes vereinbart werden.

Toleranz in diesem Sinne darf man von uns Christen sehr wohl erwarten. Jesus erwartet mehr von uns: »*Liebt eure Feinde; tut wohl denen, die euch hassen; segnet, die euch verfluchen; bittet für die, die euch beleidigen*« (Lukas 6,27f).

Jesus hat seinen Nachfolgern verboten, Gewalt zur Durchsetzung oder Verteidigung ihres Glaubens anzuwenden, und die Feindesliebe geboten. Wenn die Christen das missachteten und Gewalt gebrauchten, haben sie damit Jesus verraten. Jesus hat in der Bergpredigt mit seinem »Ich aber sage euch« auch die Gebote des Alten Testamentes zur Gewaltanwendung aufgehoben (vgl. Matthäus 5,38-45).

Ist es aber nicht doch anmaßend, von einer für alle geltenden Wahrheit zu reden? Irren ist menschlich. Ich kann mich irren. Wir können irren. Das will ich auch anerkennen, aber nur wenn ich aus dem Wort Gottes überzeugt und widerlegt werde. Nicht ich habe die Wahrheit, sondern die Wahrheit hat mich. Es geht nicht um Rechthaben, sondern um Rettung. Denn Gott »*will, dass alle Menschen gerettet werde und sie zur Erkenntnis der Wahrheit kommen. Denn es ist ein Gott und ein Mittler zwischen Gott und den Menschen, nämlich der Mensch Christus Jesus, der sich selbst gegeben hat für alle zur Erlösung, dass dies zu seiner Zeit gepredigt werde*« (1. Timotheus 2,4-6; LUT).

Diese Zeit ist auch heute. Darum haben wir die Aufgabe, das Evangelium von Jesus Christus persönlich und öffentlich weiterzusagen. Wir haben dazu alle Freiheiten. Freiheiten, die wir nicht gebrauchen, werden wir möglicherweise verlieren.

Wort oder Tat?

Jedem Bibelleser ist selbstverständlich, dass bei Jesus Wort und Tat zusammengehören. Er heilt und hilft und redet Klartext. Genauso selbstverständlich gehören Wort und Tat zusammen, wenn wir im Auftrag von Jesus den Menschen dienen.

Durch die Inflation der Worte sind auch die Worte, die in der Verkündigung des Evangeliums gesagt werden, in Misskredit geraten. Bloß Worte!? Leere Worte!? Ja, bedeutungsloses Wortgeklingel droht. Das wusste schon der Apostel Paulus: *»Wenn ich mit Menschen- und mit Engelzungen redete und hätte der Liebe nicht, so wäre ich ein tönendes Erz oder eine klingende Schelle. Und wenn ich prophetisch reden könnte und wüsste alle Geheimnisse und alle Erkenntnis und hätte allen Glauben, sodass ich Berge versetzen könnte, und hätte der Liebe nicht, so wäre ich nichts«* (1. Korinther 13,1f).

Wer aber daraus schließt, Worte wären nicht so wichtig, auf die Taten käme es an, dem sagt Paulus an gleicher Stelle: *»Und wenn ich alle meine Habe den Armen gäbe und meinen Leib dahingäbe, mich zu rühmen, und hätte der Liebe nicht, so wäre mir's nichts nütze.«*

Die Vollmacht des verkündeten Wortes als Wort Gottes ist nicht in unserer Lebensweise begründet. Sie wird durch Jesus selbst gewährleistet.

Die Tat kann aus sehr verschiedenen Motiven kommen. Ohne Liebe ist der größte soziale Einsatz nichts. Taten sind nicht an sich wirksamer oder liebevoller als Worte. Wir nehmen oft an, dass unsere Worte durch unser gutes Leben an Glaubwürdigkeit gewinnen. Im menschlichen Miteinander ist das eine durchaus gültige Einschätzung. Auch in der Verkündigung des Evangeliums muss erwartet werden, dass der Verkündiger selbst nach dem Wort lebt, das er anderen predigt.

178

Aber die Vollmacht des verkündeten Wortes als Wort Gottes ist nicht in unserer Lebensweise begründet. Sie wird durch Jesus selbst gewährleistet. Jesus hat seinen Jüngern gesagt: »*Wer euch hört, der hört mich; und wer euch verachtet, der verachtet mich; wer aber mich verachtet, der verachtet den, der mich gesandt hat*« (Lukas 10,16). In den Kirchen gab es immer wieder die Diskussion über das Verhältnis von ausdrücklicher Verkündigung des Evangeliums und Taten der Liebe, Barmherzigkeit und Gerechtigkeit. Man spricht auch von ganzheitlicher Mission und meint, dass es nicht nur um Worte, sondern auch um Taten gehen müsse. Dem stimme ich gern zu. Tatsächlich aber fällt die Wortverkündigung oft ganz weg und wird durch die sozialen Dienste ersetzt. Bei einer kirchlichen Synode, an der ich teilnahm, berichtete ein Pfarrer über die von einer Gemeinde organisierte Tafel für Bedürftige unter dem Thema »ganzheitliche Mission«. Eine Verkündigung gab es im Zusammenhang dieser Tafel nicht. Weil auf der Synode einige Teilnehmer meinten, dass ganzheitlich doch Wort und Tat umfasse, erwog der Pfarrer, dass man vielleicht gelegentlich ein Tischgebet sprechen könne. Auf den Gedanken war bisher noch niemand gekommen.

In der evangelischen Diakonie und der katholischen Caritas sind insgesamt fast eine Million Mitarbeiter beschäftigt. Das sind mehr Beschäftigte als in der deutschen Automobilindustrie. Hauptamtliche Evangelisten gibt es in den evangelischen Kirchen kaum noch. Wenn man das kritisch hinterfragt, wird darauf verwiesen, dass Evangelisation ja durch alle Pfarrer und überhaupt durch alle Gemeindeglieder geschehe oder geschehen sollte. Dazu seien keine Spezialisten nötig.

Mit Erstaunen beobachte ich seit einigen Jahren, dass eine ähnliche Sicht der Dinge sich auch in Landeskirchlichen Gemeinschaften und Freikirchen breitmacht. Es gehe um Gesellschaftstransformation, nicht um Evangelisation als Rettung von einzelnen Menschen, heißt es. Gemeinden müssten durch soziales Engagement zunächst einmal gesellschaftliche Relevanz gewinnen. Wenn sie ihre Bedeutung dadurch bewiesen hätten, würde ihnen auch die Verkündigung des Evangeliums als glaubwürdig abgenommen. Richtig ist, dass die Menschen ringsum erwarten dürfen, dass wir Christen leben, was wir predigen. Wahr ist leider auch: Es droht die Gefahr, dass unser gottloses Leben lauter predigt als unsere fromme Rede. Falsch ist, dass soziale Dienste die ausdrückliche Verkündigung des Evangeliums von Jesus ersetzen können.

> Es droht die Gefahr, dass unser gottloses Leben lauter predigt als unsere fromme Rede. Falsch ist, dass soziale Dienste die ausdrückliche Verkündigung des Evangeliums von Jesus ersetzen können.

Wenn die sozialen Dienste angeblich so automatisch für das Evangelium öffnen, warum haben dann die diakonischen Einrichtungen mit ihrer Million hauptamtlicher Mitarbeiter nicht die Wirkung, dass die Menschen in die Kirchen strömen? Wenn all diese Mitarbeiter in die Gottesdienste kämen, würden die Teilnehmerzahlen beträchtlich steigen. Ich möchte nicht missverstanden werden: Ich bin dankbar für die vielen sozialen Dienste, die Millionen Menschen praktische Hilfe bieten. Sie ersetzen aber nicht die Evangelisation.

Die Integration von Wort und Tat geschieht durch die Personen, die Jesus nachfolgen. Wenn in Krankenhäusern, Sozialstationen, Kitas und Schulen bekennende Christen arbeiten, können sie die Einheit von Tat und Wort leben. Sie können wenigstens Auskunft über ihren Glauben geben, wenn sie gefragt werden. Oft aber brauchen die Einrichtungen Fachleute und finden nicht Fachleute, die auch bekennende Christen sind. Ich behaupte, dass sich die Verantwortlichen vieler kirchlicher Einrichtungen gar nicht bemühen, bekennende Christen als Mitarbeiter zu gewinnen. Wenn staatliche Zuschüsse in den Einrichtungen stecken, müssten sie wohl den Vorwurf der Diskriminierung fürchten, wenn sie den persönlichen Glauben der Bewerber zum Maßstab machten.

Es gibt viele christliche Bekenntnisschulen im Land, die für ihre Pädagogik einen guten Ruf in der Gesellschaft haben. Sie suchen dringend gute Lehrer, die zugleich bekennende Christen sind. Hoffentlich gelingt das auf die Dauer. Wenn nicht, kann man die Lehrer immer noch auf die Vermittlung christlicher Werte zu verpflichten versuchen. Aber damit fängt die ganze Problematik an. Kann man christliche Werte ohne Jesus Christus vermitteln? Ist es nicht das Besondere des Evangeliums, dass nicht nur die Einhaltung von Geboten gefordert wird, sondern dass durch Gottes Geist das Herz eines Menschen verändert wird? »Welche der Geist Gottes treibt, die sind Gottes Kinder«, schreibt Paulus (Römer 8,14). Kann Wertevermittlung ohne Evangelisation gelingen?

Ich will nicht behaupten, dass es leicht wäre, die Einheit von Wort und Tat in christlichen Bildungseinrichtungen und diakonischen Diensten zu leben. Es ist schon ein großer Gewinn, wenn sie praktisch angestrebt wird und sich das in Personalentscheidungen und Programmgestaltung auswirkt. Dass sich im Augenblick auch evangelikale Gemeinden auf soziale Dienste vermehrt konzentrieren, könnte durchaus ein Segen werden, wenn dies berücksichtigt wird.

Wenn diese Verlagerung allerdings kurzfristig zur Vernachlässigung evangelistischer Dienste führt, werden wir mittel- und langfristig eine geistliche Beschädigung der Gemeinschaften und Gemeinden erleben.

Ich habe in Indien ein besonders eindrückliches Beispiel für die Zusammengehörigkeit von Wort und Tat gesehen. Der indische

Evangelist John David und der deutsche Arzt und Schuhhändler Heinz-Horst Deichmann wollten vor vierzig Jahren Leprakranken im indischen Bundesstaat Andhra Pradesh Hilfe bringen. Sie wunderten sich zunächst, dass die Leprakranken die Medizin nicht annahmen. Lepra ist heute heilbar. Sie hatten durch die hinduistische Karmalehre gelernt, dass das Leiden der Kranken die Folge von bösem Karma sei. Das könne nur abgearbeitet werden, indem sie ihr Leiden ertrügen. Vielleicht würde es ihnen dann im nächsten Leben besser ergehen.

Erst als die Leprakranken das Evangelium von Jesus hörten, änderte sich die Lage. Sie erfuhren, dass Jesus Sünden vergibt, den Fluch über ihnen bricht und dass Gott sie liebt. Danach nahmen sie auch die Medizin an, wurden geheilt und erfuhren Rehabilitation. Prothesen für verkrüppelte Körperteile ermöglichten ihnen, verschiedene Berufe zu erlernen und auszuüben. Ich besuchte ihre Dörfer und feierte mit ihnen Gottesdienste. Sie heirateten und hatten gesunde Kinder.

Evangelisten oder Gemeinden?

Ich habe erst spät gelernt, dass man Evangelisten und missionarische Gemeinden auch als Alternative oder sogar als Gegensatz sehen kann. Auf den Gedanken bin ich von mir aus nie gekommen. Ich wurde seit den 1960er-Jahren von Gemeinden zu evangelistischen Vorträgen eingeladen. Ich war nie hauptamtlich Evangelist und habe nie nach Einsatzmöglichkeiten gesucht. Ich empfand mich immer als Hilfsarbeiter für Gemeinden, die meinten, ich könnte ihnen mit meiner Begabung einen Dienst tun. Es war immer klar, dass die Gemeinden evangelisierten. Die Gemeindeglieder beteten für die Menschen in der Region, luden sie ein, sprachen mit ihnen an den Abenden vor und nach den Vorträgen, kümmerten sich um sie nach der Vortragswoche. Ich leistete meinen Beitrag durch Vorträge und Gespräche. Aber als Evangelist war ich nur vorübergehend Mitarbeiter im Team der Gemeinde.

Es gab offenbar Leute, die fanden es originell zu lehren: Evangelisation sei nicht die Sache einzelner Evangelisten, sondern Sache der Gemeinden. In einem Grundlagentext einer Gruppe von Gemeinschaften fand ich die bemerkenswerten Sätze:

»Die evangelisierende Gemeinde ersetzt das Ideal des charismatischen Evangelisten. Diese Umorientierung hat bis in die Gegenwart hinein Bestand (vgl. die Impulse von Willow Creek, Alpha-Kurs usw.). Die Gemeindeaufbaubewegung in ihren verschiedenen Ausprägungen dürfte der wesentliche Anstoß im Selbstverständnis der Gemeinschaften gewesen sein, dass der Gemeindebegriff auch für das eigene Selbstverständnis zentral wurde. Die beiden Aufgaben der Evangelisation und der Gemeinschaftspflege werden zusammengezogen zum neuen Leitparadigma der missionarischen Gemeinde. Der Begriff der Gemeinde steht nun nicht mehr nur für die gelebte Gemeinschaft der Christen, sondern eben auch für das Anliegen der Mission und integriert damit die beiden Aspekte des Gnadauer Selbstverständnisses.«[82]

Ich war in der Willow-Creek-Gemeinde bei Chicago in den 1980er-Jahren, bevor diese Bewegung ihren segensreichen Einfluss in Deutschland durch viele Kongresse entfaltete. Mir war damals sofort klar, dass meine evangelistische Vortragsarbeit nur sinnvoll ist, wenn sie von Gemeinden getragen wird, die permanent missionarisch denken und handeln. Darum habe ich mich wie auch andere Evangelisten in der Vorbereitung von Themenwochen vor allem für einen Mentalitätswandel in den Gemeinden eingesetzt: »Sie evangelisieren und haben mich zur Mitarbeit eingeladen.«

Auch die Alpha-Kurse haben oft im Vorfeld oder als Weiterarbeit nach ProChrist-Wochen stattgefunden. In der Schweiz habe ich erlebt, dass Gemeinden, die über Jahre ausschließlich mit Glaubenskursen evangelisiert hatten, gemeinsam eine große, öffentliche Themenwoche in einer Messehalle veranstalteten. Sie hatten den Eindruck gewonnen, dass sie inzwischen für die Glaubenskurse keine neuen Gäste mehr gewannen, wie es in der Anfangszeit gewesen war.

Gelegentlich wurde ich in den letzten Jahren gefragt, warum es denn keine jungen Evangelisten gäbe wie früher Wilhelm Busch, Anton Schulte, Klaus Vollmer, Johannes Hansen. Ich habe immer geantwortet, dass wir viele junge, sehr begabte Evangelisten in Deutschland haben.

Evangelisten sind notwendige Hilfsarbeiter der Gemeinden.

Es gab in Sachsen, in der Arbeitsgemeinschaft Jugendevangelisation, im CVJM Serien von Lehrevangelisation zur Förderung junger Evangelisten. Es gab und gibt sie bei Jesus House von ProChrist und »Ich glaub's« vom EC. Viele von ihnen werden zu einzelnen Veranstaltungen wie Jugendgottesdiensten eingeladen. Selten bekommen sie die Chance, fünf oder sieben Abende hintereinander zu jungen Leuten zu sprechen. Sie sind bereit dazu. Aber es gibt nicht sehr viele Gemeinden und Jugendarbeiten, die sich trauen, solche Wochen zu veranstalten.

Gott hat das Charisma der öffentlichen evangelistischen Verkündigung gegeben, damit Gemeinden davon profitieren. Nicht jeder Pastor oder Gemeinschaftsprediger hat diese Gabe. Solange es die Kirche gibt, hat es neben den Pastoren am Ort (*pastor*

184

loci) die reisenden Prediger (*pastor vagans*) gegeben. In der Alten Kirche haben oft Mönche die Aufgabe als reisende Evangelisten gehabt. Durch den Pietismus und die Erweckungsbewegung ist dieser Dienst neu belebt und gestaltet worden. Ich hoffe, dass wir die falsche Alternative zwischen Evangelisten und missionarischen Gemeinden auflösen. Die missionarische Einstellung der Gemeindeglieder kann nicht genug gefördert werden. Evangelisten sind notwendige Hilfsarbeiter der Gemeinden.

Noch ein Wort zum Vokabular. Was ist der Unterschied zwischen missionarisch und missional? Spezialisten wissen Bescheid. Ansonsten helfen solche Buchstabenfeinheiten tüchtig zur Verwirrung, als hätten wir davon im Bereich der Worte Mission und Evangelisation nicht schon genug. Was ist der Unterschied? Wer von »missionarisch« redet, dem wird unterstellt, dass er an Aktionen, Programme und Veranstaltungen denke. Das sei zu überwinden. Wer missional sei, denke an Haltungen, Einstellungen und Motivation, die das normale Leben prägen. Ist es wirklich nötig, denen, die Aktionen durchführen, blinden Aktionismus zu unterstellen? Mit welchem Recht geschieht diese Beurteilung? Und was nützt die Propagierung eines Mentalitätswandels, wenn dann nichts passiert?

Evangelisation oder Bekenntnis?

Seit die Auseinandersetzungen um praktizierte Homosexualität und die Segnung gleichgeschlechtlicher Partnerschaften an Schärfe gewannen, gab es auch unter den Evangelisten zunehmende Differenzen. Das sei ein Randthema, man müsse es nicht so wichtig nehmen, hieß es. Oder: Evangelisten verkünden das Evangelium der Liebe Gottes und nicht Moral. Und: Man dürfe durch die Erwähnung dieses Konfliktes homosexuell empfindende Menschen nicht vor den Kopf stoßen. Ich bin allerdings der Meinung, dass es bei dieser Auseinandersetzung gar nicht um Moral geht, sondern um die Gültigkeit der Offenbarung Gottes als des Schöpfers, um die damit geoffenbarte Gottebenbildlichkeit des Menschen und die damit verbundene Polarität von Mann und Frau. Und es geht um die Autorität der Bibel als Wort Gottes.

Wichtiger noch ist die Debatte darüber, ob der gekreuzigte und auferstandene Jesus der einzige Weg zu Gott und damit zum Heil aller Menschen ist. Soll man den Konflikt in den Kirchen darüber öffentlich führen? Als Evangelist habe ich mich immer um die Zusammenarbeit möglichst vieler Gemeinden und Konfessionen bemüht. Ich war und bin der Meinung, dass wir Christen gemeinsam öffentlich zu Jesus und in seine Nachfolge einladen sollen, auch wenn wir in einigen Fragen unterschiedliche Lehren vertreten. Das betrifft zum Beispiel die Frage der Taufe, der Gemeindeformen, der Art und Weise, wie wir den Heiligen Geist erfahren.

> Wenn es allerdings um das Evangelium von Jesus geht, darf es keine Kompromisse geben. Nur Jesus Christus, der gekreuzigte, auferstandene und wiederkommende Herr, rettet.

Wenn es allerdings um das Evangelium von Jesus geht, darf es keine Kompromisse geben. Nur Jesus Christus, der gekreuzigte, auferstandene und wiederkommende Herr, rettet. Und es geht um die Versöhnung mit Gott durch die Vergebung der Sünden. Ja, wir alle sind Sünder, die verdient haben, im Gericht Gottes zur ewigen Verdammnis verurteilt zu werden. Rettung bedeutet vor allem die Rettung aus der Gottesferne und der ewigen Verdammnis. Die vielen Segnungen, die wir in der Nachfolge von Jesus auch noch erfahren – sinnvolles Leben, Gemeinschaft der Christen,

Geborgenheit in Ängsten und vieles mehr – sind Nebenwirkungen der Rettung. Wir haben nicht die Freiheit, diese Botschaft den Wünschen der Menschen anzupassen.

Paulus ist uns dafür ein leuchtendes Vorbild. Als leidenschaftlicher Evangelist konnte er sehr flexibel sein, wenn es um Formen und Fragen des Lebensstils ging. In 1. Korinther 9,22 schreibt er: *»Ich bin allen alles geworden, damit ich auf alle Weise etliche rette.«* Das betraf die Speisekarte und den Feiertagskalender. Sein Verhalten verursachte Konflikte in der ersten Christenheit. Manche befürchteten, dass er mit den Formen auch den Inhalt des Evangeliums veränderte.

Der gleiche Paulus schreibt aus den gleichen evangelistischen Motiven im Brief an die Galater:

»Mich wundert, dass ihr euch so bald abwenden lasst von dem, der euch berufen hat in die Gnade Christi, zu einem andern Evangelium, obwohl es doch kein andres gibt. Es gibt nur einige, die euch verwirren und wollen das Evangelium Christi verkehren. Aber selbst wenn wir oder ein Engel vom Himmel euch ein Evangelium predigen würden, das anders ist, als wir es euch gepredigt haben, der sei verflucht. Wie wir eben gesagt haben, so sage ich abermals: Wenn jemand euch ein Evangelium predigt, anders als ihr es empfangen habt, der sei verflucht. Will ich denn jetzt Menschen oder Gott überzeugen? Oder suche ich Menschen gefällig zu sein? Wenn ich noch Menschen gefällig wäre, so wäre ich Christi Knecht nicht.« (Galater 1,6-10)

Nicht aus orthodoxer Rechthaberei, sondern aus evangelistischer Leidenschaft ist Paulus so scharf. Es geht nicht um die Frage, ob er bei den Hörern ankommt, sondern um ihre Rettung. Es geht nicht darum, Kunden zufriedenzustellen, sondern Menschen zu retten. Deshalb müssen wir ihnen aus Liebe die Wahrheit sagen. Jesus hat sehr klar und deutlich vom Gericht geredet und auch davon, dass Menschen unwiderruflich in Ewigkeit verdammt sein können. Sein Bericht vom reichen Mann und armen Lazarus ist darin so deutlich wie auch sein leidenschaftlicher Ruf in der Bergpredigt: »*Geht hinein durch die enge Pforte. Denn die Pforte ist weit und der Weg ist breit, der zur Verdammnis führt, und viele sind's, die auf ihm hineingehen. Wie eng ist die Pforte und wie schmal der Weg, der zum Leben führt, und wenige sind's, die ihn finden!*« (Matthäus 7,13f). Überaus klar redet Jesus ebenso mit folgenden Worten: »*Und sie werden hingehen: diese zur ewigen Strafe, aber die Gerechten in das ewige Leben*« *(*Matthäus 25,46).

Die Kritik, man könne die Leute nicht mit dem Höllenhund in den Himmel treiben, ist Unsinn. Entscheidend ist, ob wir als Verkündiger des Evangeliums selber wissen, dass es um ewiges Leben und ewige Verdammnis geht. Unsere Aufgabe ist es, aus Liebe die Wahrheit zu sagen. Und es ist wahrhaftig keine leichte Aufgabe, die Wahrheit in Liebe zu sagen. Die Wahrheit zu verschweigen oder zu verfälschen ist keine Lösung dieser Aufgabe.

Wir können in der Evangelisation auch nicht die Kosten der Nachfolge verschweigen. Jesus hat den Menschen Hass und Verfolgung vorausgesagt, wenn sie ihm nachfolgen. Er hat auch die Gebote Gottes nicht relativiert, sondern radikalisiert, wie wir in der Bergpredigt lesen können. Also haben wir nicht das Recht, in der einladenden Verkündigung Süßholz zu raspeln, um die Hörer zu locken. Das Evangelium ist von solcher Kraft, dass es rettet, wenn es in ganzer Wahrheit gesagt wird.

Die Kritik, man könne die Leute nicht mit dem Höllenhund in den Himmel treiben, ist Unsinn. Entscheidend ist, ob wir als Verkündiger des Evangeliums selber wissen, dass es um ewiges Leben und ewige Verdammnis geht.

Das hat Paulus in seinem programmatischen Satz im Römerbrief geschrieben: »*Denn ich schäme mich des Evangeliums nicht; denn es ist eine Kraft Gottes, die rettet alle, die glauben, die Juden zuerst und ebenso die Griechen*« (Römer 1,16). Danach redet er vom Zorn Gottes über die Ungerechtigkeit der Menschen, über die Verehrung des Geschöpfes anstelle des Schöpfers und die Folgen dessen in gleichgeschlechtlichen Lebensweisen, Habgier, Betrug und anderen moralischen Verfehlungen.

Wenn in Kirche und Theologie die Wahrheit des Evangeliums verfälscht wird, müssen wir widersprechen. Das muss leider auch öffentlich geschehen. Geheimverhandlungen in Hinterzimmern helfen der Gemeinde nicht, wenn nicht öffentliche Stellungnahmen daraus erwachsen. Über die Wahrheit wird auch nicht mit Mehrheit abgestimmt. Deshalb müssen wir widersprechen, wenn Synoden falsche Lehren beschließen.

Bedauerlich ist, dass in dieser Hinsicht auch unter Evangelikalen Meinungsverschiedenheiten bestehen. Lieber würden wir in Konflikten geschlossen auftreten. Ich weiß zu würdigen, dass manches Schlimmere verhindert wurde, weil im Stillen Kompromisse ausgehandelt wurden. Wie in der Politik, so können auch in der Kirchenpolitik Kompromisse sinnvoll sein. In wesentlichen Fragen des Glaubens aber nicht. Sie sind keine Spielmasse der Kirchenpolitik.

> Wenn in Kirche und Theologie die Wahrheit des Evangeliums verfälscht wird, müssen wir widersprechen.

Was öffentliche Stellungnahmen angeht, hat mich eine historische Begebenheit[83] beeindruckt. Der Essener Jugendpfarrer Wilhelm Busch hatte im Dezember 1933 in einem Telegramm an den Reichsbischof der evangelischen Kirche gegen die angeordnete Eingliederung der evangelischen Jugend in die Hitler-Jugend protestiert. Prompt wurde ihm am 1. Weihnachtstag 1933 vom Konsistorium

(Kirchenleitung) in Koblenz ein Telegramm zugestellt, das ihm seine Beurlaubung mitteilte. Am 27. Dezember 1933 reiste daraufhin eine Delegation des Presbyteriums Essen-Altstadt zu einer Aussprache mit dem Generalsuperintendenten Stoltenhoff nach Koblenz. An der Besprechung nahm außer Busch und anderen Mitgliedern des Presbyteriums auch Dr. Gustav Heinemann, der spätere Bundespräsident der Bundesrepublik Deutschland, teil. Ein Protokoll über diese Besprechung, das Heinemann anfertigte, fand ich in Buschs Personalakte beim Gemeindeamt Essen-Altstadt. Es macht folgende Mitteilungen:

»*Stoltenhoff:* Ich habe mich stets für die evgl. Jugendarbeit eingesetzt und tue es auch jetzt. Das Telegramm von Busch ist eine Erschwerung meiner Arbeit. Es enthält durch den Vorwurf des Wortbruchs auch einen moralischen Angriff gegen den Reichsbischof. Das ist unberechtigt, weil der Reichsbischof nach meiner Überzeugung gutgläubig handelt. Ich habe bereits dem Reichsbischof in einem Brief dargelegt, dass ich seine Abmachungen nicht als im Interesse unseres Jugendwerks liegend halten könne.

Busch: Der Reichsbischof hat als Schirmherr des evgl. Jugendwerks wiederholt versprochen, für die evgl. Jugendarbeit einzutreten. Im Vertrauen auf dieses Wort habe ich meine Jungens in den vergangenen Monaten, in denen sie ständig auf der Straße, in der Schule, in Vereinen usw. wegen ihrer Zugehörigkeit zur evangelischen Jugendorganisation eintreten mussten, mit dem Hinweis auf diese Worte des Reichsbischofs zum Durchhalten ermuntert. Das jetzige Verhalten des Reichsbischofs wird deshalb als Verrat und Wortbruch empfunden. Die Abmachungen des Reichsbischofs bedeuten praktisch die Vernichtung des Jugendwerkes. [...]

Heinemann: Wenn Sie, Herr Generalsuperintendent, wirklich für das Jugendwerk eintreten wollen, so sollte es Ihnen nur äußerst lieb sein, wenn Sie durch den starken Widerstand von uns unterstützt werden. Es ist falsch, dass Sie uns immer wieder in den Rücken fallen. [...] Für den stimmungsmäßigen Auftrieb, den Sie uns mit der Maßregelung von Pfarrer Busch gegeben haben, sind wir dankbar. Es muss aber dennoch grundsätzlich aufhören, dass Sie uns in den Rücken fallen. Sie haben auch in unseren Kreisen nicht mehr viel Ansehen zu verwirtschaften, weil Sie durch Ihr obiges Verhalten die Fronten unklar machen.

Stoltenhoff: Ich muss mich dagegen verwehren, jemals durch Verhandlungen etwas von der Wahrheit abgelassen zu haben.

Erwiderung: Das wissen wir! Es kommt aber jetzt darauf an zu erkennen, dass gefochten und nicht verhandelt werden muss. [...]

Busch erklärte nachdrücklich, dass keinerlei Zurücknahme infrage komme, im Gegenteil, das Telegramm an den Reichsbischof könne noch landauf und landab tausendfach wiederholt werden.

Stoltenhoff verzweifelt: Bruder Busch, was soll ich denn nun mit Ihnen machen?

Busch: Das ist Ihre Sorge, nicht meine!

Stoltenhoff: Ich habe noch viel Schlimmeres von Ihnen abgewendet, gerade heute noch.

Heinemann: Lassen Sie es doch endlich, dieses sogenannte ›Schlimmere immer wieder abzuwenden‹. [...] Wenn Sie für jeden Pfarrer oder jedes Gemeindeglied, welches in Haft gesetzt wird, das Geläute der Kirchenglocken in der Rheinprovinz anordnen, ist uns besser geholfen.«

Die Unterredung endete mit dem Zugeständnis Stoltenhoffs, die Essener dürften veröffentlichen, dass der Generalsuperintendent das Handeln des Reichsbischofs nicht als hilfreich ansehe und dies auch in einem Brief an Reichsbischof Müller zum Ausdruck gebracht habe. Die telegrafisch zugestellte Beurlaubung Buschs vom 25. Dezember 1933 wurde am 2. Januar 1934 wieder aufgehoben. Wilhelm Busch erhielt einen »disziplinarischen Verweis«.

Gott sei Dank ist unsere Lage heute nicht annähernd so gefährlich wie damals. Die Argumentation, »Wir haben Schlimmeres abgewandt«, kehrt auch heute immer wieder und soll manche Kompromisse rechtfertigen, deren Sinn und Nutzen fragwürdig sind.

»Herr, gib uns Freimut!«

Dr. Benjamin Kwashi ist Erzbischof der anglikanischen Kirche in Jos, Nigeria. Hunderte seiner Gemeindeglieder sind von islamischen Fanatikern ermordet worden. Seine Frau wurde brutal misshandelt. Er selbst entkam einem Mordanschlag nur durch ein Wunder. 2010 berichtete er auf dem Dritten Lausanne Kongress für Weltevangelisation in Kapstadt, Südafrika, über das Leiden der Christen in Nordnigeria. Er schloss mit den Worten: »Bis meine Zeit abgelaufen ist, habe ich ein Evangelium zu verkünden. Ich habe ein Evangelium, für das es zu leben lohnt. Ich habe ein Evangelium, für das es zu sterben lohnt.«[84]

Auf der gleichen Konferenz hielt er einen Vortrag über »Mutige Verkündigung« (»Bold Proclamation«). Er machte darin einige kritische Bemerkungen über die Kirchen des Westens, die er gut kennt: »*Mir scheint, dass vom Westen her langsam und stetig eine kalkulierte Impfung gegen Kühnheit zur Verkündigung des Evangeliums geschehen ist. [...] Tatsächlich, die traditionellen Kirchen haben ihre Mitglieder einer Gehirnwäsche unterzogen, sodass sie glauben, es sei ein Verbrechen, Liebe, Leidenschaft, Freude und sogar Traurigkeit offen in der Kirche zu zeigen.*«[85]

Nachdem ich vor einiger Zeit die Antworten von Kirchenleitern auf die Fragen »Gilt der Missionsbefehl Jesu auch für die nach Deutschland kommenden Asylbewerber?« und »Sollten Kirchengemeinden stärker unter Muslimen missionieren?« gelesen habe, musste ich einsehen, dass Bischof Ben Kwashi recht hat.

Der Ratsvorsitzende und Bayrische Landesbischof Bedford-Strohm mahnte, Christen dürfen die Notlage der Flüchtlinge nicht dazu ausnutzen, um sie zu einem Religionswechsel zu überreden.[86] Auch die für Mission und Ökumene zuständige Oberkirchenrätin der Rheinischen Kirche, Barbara Rudolph, ließ wissen:

»Diese muslimische Minderheit, die jetzt in eine christliche Mehrheitsgesellschaft kommt, muss sich erst einmal sortieren. Sie haben alles verloren. Es kann also nicht darum gehen, ihnen auch noch ihren Glauben wegzunehmen, sondern wir müssen sie neugierig für den christlichen Glauben machen – indem wir ihnen Zeugnis geben in Wort und Tat. Wenn man sie in dieser Situation zum Christentum bekehren will, nutzt man ihren Notstand aus.«[87]

Hat Jesus die Not der Mühseligen und Beladenen ausgenutzt, als er sie einlud: »*Kommt her zu mir, alle, die ihr mühselig und beladen seid; ich will euch erquicken*« (Matthäus 11,28)?

Die Evangelische Kirche von Hessen und Nassau warnte vor »aggressiven oder bedrängenden Bekehrungsversuchen«. Wer will denn das? Wer macht denn das? Die evangelisch-reformierte Kirche stellte fest, dass die Flüchtlinge »Mitmenschlichkeit, nicht Mission« brauchten. Versteht diese Kirche Mission als geldgierige Mitgliederwerbung und kirchliche Propaganda?

Paulus schreibt von seinem Dienst in Saloniki: »*Wie eine Mutter ihre Kinder pflegt, so hatten wir Herzenslust an euch und waren bereit, euch nicht allein am Evangelium Gottes teilzugeben, sondern auch an unserm Leben; denn wir hatten euch lieb gewonnen*« (1. Thessalonicher 2,7-8; LUT). Aus Liebe wollen und sollen wir das Beste, was wir haben, mit anderen teilen. Das Evangelium von Jesus Christus ist das Beste, was wir haben. Sollen wir das den Menschen vorenthalten?

In Syrien wurden Christen von IS-Kämpfern gekreuzigt und geköpft, weil sie ihrem Glauben an Jesus Christus nicht absagen wollten. In einem internationalen Nachrichtendienst las ich die Meldung, dass in Laos der Pastor Singkeaw am 8. September 2015 vor den Augen seiner Frau und seiner sechs Kinder von Geheimpolizisten erstochen wurde. Er hatte dem Evangelisationsverbot der Regierung nicht gehorcht. In vielen Ländern der Welt, besonders im Iran und in der arabischen Welt, bekehren sich Menschen zu Jesus. Sie werden dafür verfolgt, in Gefängnisse gesperrt und oft auch getötet.

Am 19. September 2015 habe ich mich mit meiner Frau zum ersten Mal in Berlin dem »Marsch für das Leben« angeschlossen. Auf Berlins Prachtstraße »Unter den Linden« wurden wir angeschrien: »Hätt' Maria abgetrieben, wärt ihr uns erspart geblieben.« Ich hatte Stunden Zeit, um in die hasserfüllten Gesichter der Schreier zu schauen. Die Verantwortlichen des Berliner Doms hatten den friedlichen Teilnehmern des Marsches nicht erlaubt, ihren Abschlussgottesdienst im Berliner Dom zu feiern.

Noch haben wir alle Freiheit in Deutschland. Von Verfolgung kann bei uns überhaupt nicht die Rede sein. Auch die feindselige Kritik, die wir gelegentlich spüren, ist nur ein lindes Lüftchen gegenüber der gewaltsamen Verfolgung, der Christen in vielen Ländern ausgesetzt sind. Leider gibt es bei uns auch Ausnahmen. Einige ehemalige Muslime, die jetzt Jesus nachfolgen, werden von ihren Familien mit dem Tod bedroht und müssen sich verstecken. Trotz garantierter Religionsfreiheit kann der deutsche Staat ihnen ihre Sicherheit nicht garantieren.

Was haben wir zu erwarten? Die Hoffnung, die Jesus uns Christen schenkt, macht uns illusionslos und zuversichtlich zugleich. Zuversichtlich, weil Jesus auferstanden ist und als Richter der Welt und Vollender der Geschichte wiederkommen wird. Er allein wird das letzte Wort haben. *»Himmel und Erde werden vergehen; aber meine Worte werden nicht vergehen«*, hat Jesus gesagt (Matthäus 24,35). Daran halten wir uns. Wir vertrauen und gehorchen seinen Worten und singen fröhlich unsere Lieder zu seiner Ehre.

Illusionslos sind wir, weil Jesus uns klar gesagt hat, was wir zu erwarten haben: *»Und ihr werdet gehasst werden von jedermann um meines Namens willen. Wer aber bis an das Ende beharrt, der wird gerettet werden«* (Matthäus 10,22). Niemand sollte sich wundern, wenn das geschieht. Wenn wir in einer Gesellschaft wohlgelitten sind und bequem leben, wie das viele Jahre in Deutschland der Fall war, dürfen wir das dankbar als Ausnahmezustand nehmen und nutzen. Der Normalfall aber sieht so aus, wie Jesus es gesagt hat.

Die Volkskirche folgt in der pluralistischen Demokratie eben nicht mehr dem König Jesus, sondern der Mehrheitsmeinung.

Die vergangenen Zeiten des weitgehend unangefochtenen Lebens in der deutschen Gesellschaft haben uns verwöhnt und ver-

195

weichlicht. Viele Christen sind es nicht gewöhnt, dass ihnen der Wind stärker ins Gesicht bläst. Und die Kirchenleitungen fördern, wie die oben zitierten Stellungnahmen zeigen, die feige Anpassung an die Moral und Meinungen der Mehrheitsgesellschaft. Nur ja keine Unruhe stiften! Die Volkskirche folgt in der pluralistischen Demokratie eben nicht mehr dem König Jesus, sondern der Mehrheitsmeinung.

Wir haben aus der ersten Christenheit ein klares Modell für das heute nötige Verhalten der Christengemeinde. Wir lesen davon in der Apostelgeschichte, Kapitel 4–5.

Die Regierung von Jerusalem erteilte den Christen Redeverbot für die Öffentlichkeit. Sie befürchtete Unruhen durch Spaltungen in der Gesellschaft. Sie verhaftete die Apostel. Im Verhör bekannten die sich klar zu Jesus, dem gekreuzigten und auferstandenen Herrn: *»Und in keinem andern ist das Heil, auch ist kein andrer Name unter dem Himmel den Menschen gegeben, durch den wir sollen gerettet werden.«* Die Regierung bestätigt das Redeverbot: *»Und sie riefen sie und geboten ihnen, keinesfalls zu reden oder zu lehren in dem Namen Jesu. Petrus aber und Johannes antworteten und sprachen zu ihnen: Urteilt selbst, ob es vor Gott recht ist, dass wir euch mehr gehorchen als Gott. Wir können's ja nicht lassen, von dem zu reden, was wir gesehen und gehört haben«* (Apostelgeschichte 4,12.18-20; LUT).

Dann berichteten die Apostel der Gemeinde davon. Wie reagierte sie? Sie versammelte sich zum Gebet. Sie bat nicht um Beendigung der Bedrängnis, sondern: *»Und nun, Herr, sieh an ihr Drohen und gib deinen Knechten, mit allem Freimut zu reden dein Wort«* (Apostelgeschichte 4,29).

Das Wort »Freimut« hat wohl Luther erfunden, um diese Stelle zu übersetzen. Das griechische Wort *parrhäsía* bedeutet »Redefreiheit«. Die Regierung hatte Redeverbot verhängt. Nun wendet sich die Gemeinde an die höchste Instanz: Gott soll Redefreiheit erteilen. Weil er das tut, erleben die Christen auch, dass ihre inneren Hemmungen weichen. Sie spüren die Freiheit und den Mut, Jesus zu verkünden trotz des Widerstandes der Machthaber. Freiheit und Mut ergeben den Freimut.

Diesen Freimut brauchen wir heute und in Zukunft. Noch haben wir in Deutschland die Grundrechte der Gewissensfreiheit, der Redefreiheit, der Versammlungsfreiheit, der Religionsfreiheit, das Demonstrationsrecht. Freiheiten, die wir nicht leben, könnten wir über kurz oder lang verlieren.

Das Evangelium von Jesus ist eine persönliche Wahrheit und muss deshalb persönlich vermittelt werden. Es ist aber zugleich eine öffentliche Wahrheit. Wir bekennen den dreieinigen Gott, den Schöpfer und Erhalter der Welt. Das geht alle an. Wir bekennen Jesus, den Messias und Retter Israels und aller Menschen. »*Gott war in Christus und versöhnte die Welt mit sich selber*« (2. Korinther 5,19; LUT). Das geht alle an. Wir bekennen den Heiligen Geist, der die weltweite christliche Kirche, die Gemeinschaft der Heiligen, schafft. Die Christengemeinde ist keine Sekte, die sich in eine Nische verkriecht. Sie ist eine weltweite Gemeinschaft. Darum betrifft es uns in Deutschland, wenn in Syrien, Saudi-Arabien, Nordkorea, Iran oder anderswo Christen verfolgt und getötet werden.

Weil das Evangelium von Jesus Christus die ganze Welt angeht, dürfen wir uns nicht freiwillig aus der Öffentlichkeit zurückziehen. Heute ist die Zeit, das Evangelium öffentlich zu verkündigen. Das sollte geschehen in Veranstaltungen, die gar nicht groß genug sein können, auch durch alle Medien, die uns zur Verfügung stehen. Wir brauchen öffentliche Bekenntnisversammlungen der Christen, um

Das Evangelium von Jesus ist eine persönliche Wahrheit und muss deshalb persönlich vermittelt werden. Es ist aber zugleich eine öffentliche Wahrheit.

auch in die Landeskirchen hinein das Evangelium zu bezeugen. Das ist nötig, weil in den Kirchen die Wahrheit des Evangeliums zum Teil verleugnet und die Autorität der Bibel infrage gestellt wird.

Wir brauchen öffentliche einladende Verkündigung des Evangeliums von Jesus. Alle sollen es hören: »*Wir bitten an Christi statt: Lasst euch versöhnen mit Gott!*« (2. Korinther 5,20). Ja, wir bitten. Das Evangelium verträgt keinen Zwang, wie er leider jahrhundertelang in europäischen Staatskirchen ausgeübt wurde. Wir bitten. Bitten kann man ablehnen. Wir werden dennoch nicht aufhören zu bitten, solange Gott Geduld mit uns hat und uns Gelegenheit zu diesem Botschafterdienst gibt.

Es fehlt uns Christen heute nicht an Freiheit, Kommunikationsmitteln und Geld. Die Möglichkeiten sind so groß wie nie in der Geschichte Europas zuvor. Fehlt es uns an Vertrauen auf den lebendigen Gott und sein Wort? Lasst uns beten: »*Und nun, Herr, sieh an ihr Drohen und gib deinen Knechten, mit allem Freimut zu reden dein Wort.*«

Anmerkungen

[1] Die aktuelle Zahl der Mitglieder ist auf der Internetseite https://www.bibel undbekenntnis.de/mitgliederliste/zu finden.

[2] Wolfram Kopfermann, Abschied von einer Illusion, Hamburg/Mainz 1990, S. 114–116.

[3] a. a. O., S. 117.

[4] a. a. O., S. 117.

[5] a. a. O., S. 118.

[6] https://de.wikipedia.org/wiki/Es_gibt_kein_richtiges_Leben_im_falschen (Zugriff am 31. 12. 2016).

[7] a. a. O., S. 194.

[8] https://www.ekd.de/glauben/grundlagen/augsburger_bekenntnis.html (Zugriff am 21. 02. 2017).

[9] Johannes Zimmermann, Gemeinde unter Gottes Verheißung; in: Lebendige Gemeinde, Das Magazin der ChristusBewegung 4, 2016, S. 6.

[10] https://de.wikipedia.org/wiki/Mitgliederentwicklung_in_den_Religionsgemeinschaften (Zugriff am 05. 12. 2016).

[11] https://www.ekd.de/download/zahlen_und_fakten_2014.pdf (Zugriff am 05. 12. 2016).

[12] Johannes Zimmermann, Gemeinde unter Gottes Verheißung; in: Lebendige Gemeinde, Das Magazin der ChristusBewegung 4, 2016, S. 4; er bezieht sich auf Detlef Pollack, Was wird aus der Kirche? DtPfBl 116, 446; Quelle: Allensbacher Institut für Demoskopie.

[13] Klaus-Peter Jörns, Die neuen Gesichter Gottes, München ²1999, S. XV.

[14] Vgl. a. a. O., S. XVI.

[15] Kirche der Freiheit, Impulspapier des Rates der EKD 2006, S. 12.

[16] a. a. O., S. 13.

[17] a. a. O., S. 14.

[18] a. a. O., S. 18.

[19] Vgl. a. a. O., S. 18.

[20] a. a. O., S. 18.

[21] a. a. O., S. 21 f.

[22] a. a. O., S..22.

[23] a. a. O., S. 25.

[24] a. a. O., S. 27.

[25] a. a. O., S. 49.

[26] Vgl. a. a. O., S. 52.

[27] Vgl. a. a. O., S. 50.

[28] a. a. O., S. 51.

[29] Rechtfertigung und Freiheit, Grundlagentext der EKD, S. 83 f.

[30] Klaus-Peter Jörns, Update für den Glauben, Gütersloh 2012, S. 75.

[31] Der Vortrag war lange Zeit in vollständiger Länge unter http://www.a-m-d. de/fileadmin/amd_upload/Denkanstoesse/14_05_20_AMD-DV_Vortrag_ Meister.pdf abrufbar, wurde jedoch mittlerweile von der Seite genommen. Teilzitate finden sich noch hier: www.idea-pressedienst.de/pdf/ausgabe/009/ jahr/2015/code/hpJ4P7B2/user/ (Zugriff am 29.03.2017).

[32] Eine ausgezeichnete und verständliche Darstellung der Entwicklung der Bibelkritik und eine Auseinandersetzung mit den aktuellen Formen bietet Ron Kubsch in seiner kleinen Schrift *Sollte Gott gesagt haben? – Was steckt hinter der Bibelkritik?* http://www.evangelium21.net/downloads/pdf/R.Kubsch_ Sollte_Gott_gesagt_haben_(Edition-E21).pdf (Zugriff am 21.02.2017). http://www.evangelium21.net/edition-evangelium21/bestellung.

[33] Ernst Troeltsch, Lesebuch, hg. von Friedemann Voigt, Tübingen 2003, S. 5.

[34] Rudolf Bultmann, Neues Testament und Mythologie, Das Problem der Entmythologisierung der neutestamentlichen Verkündigung (1941); in: H.-W. Bartsch (Hg.), Kerygma und Mythos, Band 1. 1948, Reich: Hamburg [4]1960, S. 18.

[35] Rechtfertigung und Freiheit, Grundlagentext der EKD, S. 85 f.

[36] WA VII 96 ff., zitiert nach Gerhard Maier, Das Ende der historisch-kritischen Methode, S. 52 f.

[37] Theologisch-Historische Auslegungen, hg. von Gerhard Maier, Rainer Riesner, Heinz-Werner Neudorfer, Eckhard J. Schnabel, R.Brockhaus und Brunnen, bisher erschienen:
Heinz-Werner Neudorfer: Der erste Brief des Paulus an Timotheus. 2004.
Gerhard Maier: Der Brief des Jakobus. 2004.
Eckhard J. Schnabel: Der erste Brief des Paulus an die Korinther. 2006.
Hans F. Bayer: Das Evangelium des Markus. 2008.
Gerhard Maier: Die Offenbarung des Johannes 1–11. 2009.
Gerhard Maier: Die Offenbarung des Johannes 12–22. 2012.
Heinz-Werner Neudorfer: Der Brief des Paulus an Titus. 2012.
Gerhard Maier: Das Evangelium des Matthäus 1–14. 2015.
Eckhard J. Schnabel: Der Brief des Paulus an die Römer, Kapitel 1–5. 2015.

[38] Gerhard Maier, Das Ende der historisch-kritischen Methode, S. 49; Gerhard Maier, Biblische Hermeneutik, [11]2016.

[39] Philipp Jacob Spener, Pia desideria, Programm des Pietismus, in neuer Bearbeitung hg. v. Erich Beyreuther, Wuppertal 1964.

[40] https://archive.org/stream/berdiereligion00schl#page/n3/mode/2up, S. 50 und 55 (Zugriff am 22.03.2017).

[41] Rechtfertigung und Freiheit, S. 58.

[42] Der Koran, Übersetzung von Rudi Paret, Stuttgart 1966, S. 83 f.

[43] http://www.ekkw.de/media_ekkw/downloads/syn1603_TOP_01_Bericht_ Bischof.pdf, S. 11f. (Zugriff am 22.03.2017).

[44] http://www.ekkw.de/synode/21575.htm (Zugriff am 21.02.2017).

[45] https://de.wikipedia.org/wiki/Weltethos (Zugriff am 21.02.2017).

[46] idea Spektrum 14.12.2016, S. 14.

[47] Norbert Bolz, Zurück zu Luther, Die Evangelische Kirche in der Modernitätsfalle; in: CA, Das lutherische Magazin für Religion, Gesellschaft und Kultur II, 2016, S. 21 f.

[48] https://www.bibelundbekenntnis.de/stellungnahmen/glauben-christen-und-muslime-an-den-gleichen-gott/ (Zugriff am 21.02.2017).

[49] chrismon 4, 2007, S. 64 f.

[50] Für uns gestorben – Die Bedeutung von Leiden und Sterben Jesu Christi, Grundlagentext des Rates der EKD 2015, S. 35.

[51] a.a.O., S. 20.

[52] a.a.O., S. 183.

[53] a.a.O., S. 174.

[54] EKD Text 57, 1996.

[55] https://www.bibelundbekenntnis.de/stellungnahmen/solide-biblisch-begruendete-stellungnahme/ (Zugriff am 21.02.2017).

[56] https://www.bibelundbekenntnis.de/allgemein/sagt-die-bibel-etwas-zu-heutiger-homosexualitaet/ (Zugriff am 21.02.2017).

[57] https://www.ekd.de/synode99/beschluesse_kundgebung.html (Zugriff am 21.02.2017).

[58] FAZ, 14.12.2016, S. 9.

[59] http://www.nord-ost-gemeinde.de/node/46 (Zugriff am 16.12.2016).

[60] Kirche der Freiheit, S. 56.

[61] Kirche der Freiheit, S. 56.

[62] Kirche der Freiheit, S. 55.

[63] http://www.idea.de/frei-kirchen/detail/rheinische-kirche-wertet-alternative-gemeindeformen-auf-99544.html (Zugriff am 16.01.2017).

[64] Vernetzte Vielfalt, Die 5. EKD-Erhebung über Kirchenmitgliedschaft, hg. von Heinrich Bedford-Strohm und Volker Jung, S. 14.

[65] Martin Luther, Ausgewählte Schriften, hg. von Karin Bornkamm und Gerhard Ebeling, Band 5, Kirche, Gottesdienst, Schule, Frankfurt/Main 1982, S. 75 f.

[66] a.a.O., S. 77.

[67] a.a.O., S. 77.

[68] a.a.O., S. 78.

[69] Rolf Scheffbuch, Das Kullen-Schulhaus in Hülben, hg. von Siegfried Kullen, Bad Urach 2011, S. 20.

[70] Ich zitiere im Folgenden nach Philipp Jacob Spener, Pia desideria, Programm des Pietismus, in neuer Bearbeitung hg. v. Erich Beyreuther, Wuppertal 1964.

[71] Er war drei Jahre Prediger am Straßburger Münster, zwanzig Jahre Pfarrer an der Barfüßerkirche in Frankfurt am Main und zugleich Senior der Pfarrerschaft dort, fünf Jahre Oberhofprediger an der Schlosskapelle in Dresden, vierzehn Jahre Pfarrer und Propst an St. Nicolai in Berlin (Oberkonsistorialrat).

[72] In vielen evangelischen Landeskirchen ist »Pfarrer« die offizielle Bezeichnung für ordinierte Theologen. In den nördlichen Landeskirchen heißen sie

»Pastor« wie auch in Freikirchen und zunehmend auch in Landeskirchlichen Gemeinschaften, wo bisher die Bezeichnung »Prediger« galt.

73 Hilke Rebenstorf, Petra-Angela Ahrens, Gerhard Wegner, Potenziale vor Ort – Erstes Kirchengemeindebarometer, Leipzig 2015.

74 Pfarrdienstgesetz der EKD §§ 79 und 80.

75 https://de.wikipedia.org/wiki/Evangelischer_Gnadauer_Gemeinschafts verband (Zugriff am 21.02.2017).

76 Ich zitiere und erläutere Buschs Aussagen aus Licht & Leben 72/1961, Nr. 10, S. 153ff. nach meinem gerade wieder neu erschienenen Buch: Im Einsatz für Jesus: Pastor Wilhelm Busch, 3., überarbeitete Auflage, Meinerzhagen 2016, S. 231–234.

77 https://de.wikipedia.org/wiki/Arbeitsgemeinschaft_Evangelikaler_Missionen (Zugriff am 21.02.2017).

78 Agnostisch heißt: Wir wissen nicht, ob es Gott gibt.

79 G. E. Lessing, Nathan der Weise, Ringparabel, 1779.

80 Ulrich Beck, Der eigene Gott, Von der Friedensfähigkeit und dem Gewaltpotential der Religionen, Frankfurt/Main und Leipzig 2008, S. 209.

81 Jürgen Habermas, Wann müssen wir tolerant sein? Über die Konkurrenz von Weltbildern, Werten und Theorien, Berlin-Brandenburg. Akademie der Wissenschaften, gehalten am 29.06.2002.

82 http://www.bevge.de/fileadmin/Datenablage/PDF/Dem_Auftrag_verpflichtet. pdf (Zugriff am 21.02.2017).

83 Der Bericht und das Protokoll findet sich auch in meinem Buch: Im Einsatz für Jesus – Pastor Wilhelm Busch, 3., überarbeitete Auflage, Meinerzhagen 2017, S. 125–128.

84 https://www.youtube.com/watch?v=Gmud1e_tFUA: »Until my time is up I have a Gospel to proclaim, I have a Gospel worth living for, I have a Gospel worth dying for.« (Zugriff am 21.02.2017).

85 (»It would seem to me that slowly and steadily from the West there has been a calculated definite inoculation against boldness when it comes to the Gospel. […] In fact, the traditional churches have brainwashed their church members into believing that it is an offence to express love, passion, joy and even sadness openly in the church.«

86 http://www.idea.de/thema-des-tages/artikel/ekd-chef-wir-helfen-fluecht lingen-nicht-um-sie-zu-missionieren-83613.html, Interview am 20.12.2015, (Zugriff am 22.03.2017).

87 www.idea-pressedienst.de/pdf/ausgabe/281/jahr/2015/code/fy7KxaL1/user/, S. 6 (Zugriff am 22.03.2017).

Ulrich Parzany

Dazu stehe ich
Mein Leben

Gebunden, 14 x 22 cm, 368 S., mit Schutzumschlag,
inkl. 16-seitigem Bildteil
Nr. 395.555, ISBN 978-3-7751-5555-7
Auch als E-Book ℮

Bekannt geworden ist Ulrich Parzany durch seine leidenschaftlichen
Predigten bei ProChrist. Die Verkündigung des Evangeliums ist seine
Berufung. In seiner spannenden Autobiografie spricht Parzany Klartext
und zeigt die Herausforderungen für Christen heute.

Ulrich Parzany

Anker meiner Seele
52 Bibelworte, die mir wichtig sind

Gebunden, 14 x 21,5 cm, 208 S., mit Lesebändchen
Nr. 226.662, ISBN 978-3-417-26662-7
Auch als E-Book ℮

Klar, pointiert und herausfordernd schreibt der bekannte Evangelist
über 52 Bibelverse, die für ihn wichtig sind und eine zentrale Bedeutung
haben. Dabei stehen immer das Evangelium, der Kreuzestod Jesu und
unsere Versöhnung mit Gott, im Mittelpunkt.

Bitte fragen Sie in Ihrer Buchhandlung nach diesen Büchern!
Oder schreiben Sie an SCM Verlag, D-71087 Holzgeringen;
E-Mail:, info@scm-haenssler.de; www.scm-haenssler.de

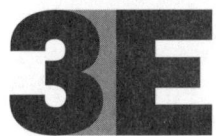